UNIVERSITÉ DE FRANCE

FACULTÉ DE DROIT DE PARIS

DROIT ROMAIN

DES EXCEPTIONS REI JUDICATÆ ET REI IN JUDICIUM DEDUCTÆ

DROIT DES GENS

DES TRAITÉS INTERNATIONAUX

CONCLUSION. FORCE OBLIGATOIRE. EXÉCUTION

THÈSE POUR LE DOCTORAT

PRÉSENTÉE ET SOUTENUE

Le mercredi 21 mai 1884, à midi

PAR

Basile-Alexis VINESIU

Président : M. RENAULT, *professeur*.

Suffragants : MM. BEUDANT, GÉRARDIN, *professeurs*. LAINÉ, CHAVEGRIN, *agrégés*.

Le Candidat répondra, en outre, aux questions qui lui seront faites sur les autres matières de l'enseignement.

PARIS

ALPHONSE DERENNE

52, Boulevard Saint-Michel, 52

1884

UNIVERSITÉ DE FRANCE

FACULTÉ DE DROIT DE PARIS

DROIT ROMAIN

DES EXCEPTIONS REI JUDICATÆ ET REI IN JUDICIUM DEDUCTÆ

DROIT DES GENS

DES TRAITÉS INTERNATIONAUX

CONCLUSION. FORCE OBLIGATOIRE. EXÉCUTION

THÈSE POUR LE DOCTORAT

PRÉSENTÉE ET SOUTENUE

Le mercredi 21 mai 1884, à midi

PAR

Basile-Alexis VINESIU

Président : M. RENAULT, *professeur*.

Suffragants : MM. BEUDANT, GÉRARDIN, *professeurs*. LAINÉ, CHAVEGRIN, *agrégés*.

Le Candidat répondra, en outre, aux questions qui lui seront faites sur les autres matières de l'enseignement.

PARIS

ALPHONSE DERENNE

52, Boulevard Saint-Michel, 52

1884

A MON PÈRE

A MA MÈRE

DROIT ROMAIN

DES EXCEPTIONS REI JUDICATÆ ET REI IN JUDICIUM DEDUCTÆ

Lorsque deux personnes ne sont pas d'accord sur l'application de la loi qui doit être la règle de leurs rapports, l'intervention de la justice est nécessaire ; elle rend un jugement qui contient la déclaration du droit et qui forme la loi des parties.

A cette déclaration du juge s'attache la présomption de vérité : *Res judicata pro veritate accipitur* (1).

Après le jugement, si l'une des parties veut de nouveau soumettre la question à un autre juge, sa demande sera écartée soit par l'exception *rei judicatæ*, soit par l'exception *rei in judicium deductæ*.

Nous nous proposons de rechercher la nature et l'origine de ces deux exceptions, de faire exactement la part de l'une et de l'autre, c'ets-à-dire de déterminer les hypothèses dans lesquelles

(1) Dig. L. 207, L. L. T. 17.

chacune d'elles s'applique dans le droit classique et dans celui de Justinien. Nous tâcherons de montrer comment l'exception *rei in judicium deductæ*, jadis beaucoup plus importante que l'exception *rei judicatæ*, a presque disparu sous Justinien, tandis que celle-ci a pris une extension considérable. Ce sera l'objet d'un premier chapitre.

Dans un deuxième chapitre nous étudierons les conditions qu'il faut réunir pour opposer utilement l'exception *rei judicatæ*.

CHAPITRE PREMIER

NATURE ET ORIGINE DES EXCEPTIONS *rei judicatæ* ET *rei in judicium deductæ*. — DÉTERMINATION DE LEUR DOMAINE.

L'exception *rei judicatæ* est un moyen de faire valoir l'autorité de la chose jugée. Cette définition ne convient pas tout à fait à l'exception *rei in judicium deductæ*, car celle-ci peut être opposée, non seulement lorsqu'il y a eu jugement, mais aussi — et c'est là surtout son champ d'application — en cas de péremption d'instance et de litispendance. On pourrait la définir : un moyen de défense qui protège le défendeur lorsqu'il y a une chose déduite en justice.

Nos deux exceptions se motivent par une considération d'ordre public. « Il est très important sans doute, dit M. de Savigny (1), que toutes les demandes puissent se produire en justice ; mais ce qui ne l'est pas moins c'est que, une fois qu'elles se sont produites dans les conditions que la loi détermine, les mêmes demandes ne puissent plus se reproduire. Il le faut, pour la stabilité, pour la sécurité des propriétés et de tous les droits des citoyens, qui seraient, sans cette garantie, frappés indéfiniment de la plus déplorable incertitude. » Ce que le jurisconsulte Paul exprime très nettement : « *Singulis controversiis singulas actiones, unumque judicati finem sufficere, probabili ratione placuit : ne aliter modus litium multiplicatus summam atque*

(1) T. VI, § 295.

inexplicabilem faciat difficultatem, maxime si diversa pronunciarentur (1). »

Remarquons que le magïstrat devant lequel l'une ou l'autre exception est invoquée n'a pas à examiner si la sentence antérieure est juste ou non, si elle n'est pas le résultat d'une erreur ou d'une collusion. Tous les juges étant faillibles et l'application des lois très souvent chose difficile, la reproduction du procès ne pourrait point assurer la certitude des résultats ; elle ne serait qu'une immense atteinte portée au crédit et au repos publics.

Cette remarque nous amène à dire que l'exception *rei judicatæ* n'est pas fondée sur l'équité. Cela ne signifie pas que la pensée générale qui l'inspire ait quelque chose de contraire à l'équité, mais que dans son application particulière elle la blesse quelquefois, ce qui arrive — précisément — lorsque le défendeur qui s'en prévaut n'a triomphé dans une première instance que par l'erreur ou grâce à une collusion, ou bien parce que son adversaire manquait de preuves.

De ce que l'exception *rei judicatæ* n'est pas fondée sur l'équité il faut tirer la conséquence qu'elle n'est pas réputée sous-entendue dans les actions *bonæ fidei*, ou, si l'on aime mieux, qu'elle n'est pas naturellement contenue dans les mots *ex bona fide*.

Quant à l'exception *rei in judicium deductæ*, elle repose tantôt sur l'équité, comme les exceptions *doli mali*, *non numeratæ pecuniæ*, etc., tantôt sur un motif d'ordre public, selon l'ordre de ses applications. Si l'instance précédemment engagée est périmée, le défendeur ne se prévaut en réalité que de la négligence de son adversaire ou du juge ; si au contraire, cette instance est encore pendante, c'est bien l'équité qu'il allègue, car il est impossible

(1) L. 6, XLIV, 2.

d'admettre qu'il soit poursuivi et condamné deux fois en vertu d'une même cause.

Enfin les deux exceptions sont perpétuelles et péremptoires, c'est-à-dire qu'elles peuvent être opposées au demandeur à toute époque et paralysent à jamais son action (1).

La règle *Res judicata pro veritate habetur* n'a pas toujours été mise en application au moyen d'une exception. Cela n'eut lieu que dans le système formulaire.

A l'époque des actions de la loi tout droit déduit dans une instance est par cela même consommé ; celui qui a agi une fois ne peut plus agir quelle que soit la solution donnée au procès, quel que soit le motif qui l'a fait succomber (2). Pour comprendre le motif de cette décision il faut remonter aux premiers temps de Rome et se rappeler que le roi était le chef suprême de la religion en même temps que le chef politique. Lorsqu'il tranchait un différend on considérait sa sentence comme le résultat d'une inspiration divine. Le jugement avait ainsi un caractère sacré, qui ne permettait pas de soumettre à un nouvel examen la question tranchée : c'eût été mettre en doute la sagesse d'en haut qui avait inspiré la première décision. C'est là probablement l'origine de la vieille maxime : *Bis de eadem re ne sit actio.*

Le respect de la chose jugée fut donc assuré tout d'abord par le principe de la consommation de l'action : « *Alia causa fuit olim legis actionum, nam qua de re semel actum erat, de ea postea, ipso jure, agi non poterat* (3) ».

Les actions de la loi, grâce au caractère religieux dont elles

(1) Gaïus, IV, § 121.
(2) Gaïus, IV, § 108.
(3) G., IV, § 108.

étaient revêtues et l'intérêt qu'avaient les patriciens de maintenir un système dont ils connaissaient seuls les mystères et les termes sacramentaux ont duré plus de cinq siècles. Au VIe siècle de Rome, ces actions *in odium venerunt* (1), et finirent par être abrogées par la loi *Æbutia* et les deux lois *Julia*. Elles furent remplacées par le système formulaire.

Sous ce nouveau système de procédure les plaideurs n'ont plus de gestes solennels à exécuter, ni de paroles sacramentelles à prononcer devant le magistrat. Ce qui le caractérise c'est la rédaction d'une formule, que le magistrat adressait au juge, devant lequel il renvoyait les parties, lui traçant la ligne de conduite qu'il avait à suivre. Mais de même qu'autrefois on ne pouvait *lege agere de eadem re* qu'une seule fois, de même sous cette nouvelle procédure on ne peut obtenir qu'une seule formule sur le même litige. L'ancienne règle de la consommation de l'action existe toujours ; seulement tandis que dans le système précédent l'action était toujours consommée *ipso jure*, sous le système formulaire l'extinction se produit tantôt *ipso jure*, tantôt *exceptionis ope;* ce qui nécessita la création des exceptions *rei judicatæ et rei in judicium deductæ*.

L'action est éteinte *ipso jure* quand le *judicium* est *legitimum*, la formule *in jus concepta* et l'action *in personam*. Une exception est indispensable lorsque le *judicium* est *imperio continens*, l'action réelle et la formule *in factum*. Ceci résulte nettement des paragraphes 106 et 107, commentaire IV, de Gaïus :

§ 106 : « *Et si quidem imperio continenti judicium actum fuerit, sive in rem, sive in personam, sive ea formula quæ in factum concepta est, sive ea quæ in jus habet intentionem, postea nihilominus ipso jure de eadem re agi potest, et ideo necessaria est exceptio rei judicatæ vel in judicium deductæ.* »

(1) G., IV, § 30.

§ 107 : « *At vero (si) legitimo judicio in personam actum sit ea formula quæ juris civilis habet intentionem, postea ipso jure de eadem re agi non potest, et ob id exceptio supervacua est. Si vero vel in rem, vel in factum actum fuerit, ipso jure nihilominus postea agi potest, et ob id exceptio necessaria est rei judicatæ vel in judicium deductæ.* »

Lorsqu'on rapproche ces paragraphes du paragraphe 180, III, du même auteur, ils paraissent être au premier abord en contradiction. En effet, tandis que dans les paragraphes 106 et 107 Gaïus demande trois conditions pour que le droit antérieur s'éteigne *ipso jure*, dans le paragraphe 180 il n'en exige qu'une seule : que le *judicium* soit *legitimum*. Mais cette contradiction n'est qu'apparente. L'hypothèse dans laquelle le paragraphe 180 est conçue étant celle d'une obligation civile, implique par elle-même que l'action est personnelle et la formule *in jus*. Dans ce paragraphe, comme dans le suivant, Gaïus suppose une obligation personnelle, parce qu'il s'occupe de l'extinction des obligations; il ne parle pas des actions réelles ni *in factum*.

Mais pourquoi l'action étant réelle, la formule *in factum* et le *judicium imperio continens*, le droit survit à la *litis contestatio?*

On a dit que le droit porté en justice subsiste, lorsque l'action est réelle, parce qu'il n'est pas détruit par l'effet d'une novation, qui n'est possible que dans les actions *in personam*. Nous n'acceptons pas cette explication; selon nous, la *litis contestatio* n'opère pas novation. Gaïus présente formellement la *litis contestatio* comme un mode distinct pour éteindre l'obligation. Envisagée dans ses effets, elle se sépare de la novation par des différences très importantes; ainsi elle laisse subsister les droits de gage et d'hypothèque qui garantissaient la créance portée en justice, elle n'éteint pas les privilèges attachés à la créance, elle n'arrête pas le cours des intérêts, elle ne purge jamais la demeure du débiteur (1).

Nous pensons que cela s'explique par la différence même qui existe entre le droit de créance et le droit de propriété. On comprend facilement l'extinction pure et simple d'un droit de créance; mais la propriété n'est faite que pour se déplacer et non pas pour s'éteindre. L'extinction *ipso jure* aurai, donc signifié que le droit de propriété se transmettait *ipso jure* au défendeur; ce qui — comme on l'a remarqué — serait absolument contraire à la façon dont les Romains ont conçu leur système de mutations entre-vifs.

En ce qui concerne la formule *in factum*, la doctrine des Romains s'explique par le motif que la *deductio in judicium* ne porte pas ici sur un droit, mais sur un fait, et par la considération que les droits peuvent s'éteindre, mais que les faits, une fois accomplis, ne s'effacent point. Paul dit : « *Pactus ne peteret, postea convenit, ut peteret, prius pactum per posterius elidetur : non quidem ipso jure, sicut tollitur stipulatio per stipulationem, si hoc actum est, quia in stipulationibus jus continetur, in pactis factum versatur : et ideo replicatione exceptio elidetur* (2). »

Quant aux *judicia imperio continentia*, on leur attribua des effets moins pleins et moins absolus qu'aux *judicia legitima*, parce qu'il était dans l'habitude des Romains de faire une grande distinction entre le droit primitif et les innovations. Les *judicia legitima* étaient les seuls connus au début. Rome ne fut longtemps qu'une bourgade qui contenait l'État entier. Pendant longtemps aussi les pérégrins furent exclus des rapports juri-

(1) Gaïus, III, § 180. Dig. L 13, § 4, XX, 1; L. 29, XLVI, 2; L. 35, XXII, 1.
(2) L. 27, § 2, II, 14.

diques avec les Romains; ils ne pouvaient ni exercer l'action à Rome, ni être poursuivis. Dans certains cas seulement, quand on voulait donner une action à un pérégrin ou contre un pérégrin, on employait la formule de l'action *fictitia*, c'est-à-dire que le magistrat ordonnait au juge de se comporter comme si le défendeur était romain : « *Judex esto, si paret consiliove Dionis Nernaei filii furtum esse pateræ aureæ, quam ob rem eum, si civis romanus esset, pro fure damnum decidere oporteret* (1). » Mais il n'en fut pas de même à l'origine : lorsqu'un *furtum* avait été commis dans Rome par un pérégrin il ne donnait lieu à aucune action.

Quand Rome se trouva dans d'autres conditions, sous la pression de la nécessité et par dérogation au droit civil primitif, on admit la possibilité d'organiser un *judicium* soit hors de Rome, soit entre plaideurs qui ne fussent pas tous Romains, soit devant un juge pérégrin ou devant des *recuperatores*. Comme ces innovations ont été, probablement, introduites par le préteur, les nouveaux *judicia* furent considérés comme une dépendance de son *imperium*, et eurent beaucoup moins d'importance que les vieux *judicia legitima*.

Mais que l'action soit éteinte *ipso jnre* ou qu'elle soit éteinte *exceptionis ope*, le but à atteindre est toujours le même : empêcher le renouvellement de l'action. On ne se préoccupe point du résultat de la première instance; du moment qu'une action a été l'objet d'une *litis contestatio*, le demandeur ne pourra plus la reproduire. C'est donc toujours l'ancienne maxime *Bis de eadem re ne sit actio*, que le prêteur eût en vue de faire respecter par la création des exceptions *rei judicatæ* et *rei in judicium deductæ*. Aussi la fonction de ces exceptions était-elle purement négative.

(1) Gaïus, IV, § 37.

Il est évident que la réunion des trois conditions, pour que la *litis contestatio* produise *ipso jure* son effet extinctif, étant impossible en dehors de Rome et de sa banlieue, le recours à l'une ou à l'autre de nos deux exceptions constitue, pour faire échouer la seconde demande, le fait ordinaire.

Mais peut-on opposer indistinctement l'une ou l'autre?

Nous arrivons ainsi à nous demander quel est le domaine de chacune de ces exceptions.

Dans la plupart des cas on peut choisir entre l'exception *rei judicatæ* et *rei in judicium deductæ*.

Cela arrive, en règle générale, lorsque la première action s'est dénouée par un jugement. Dans ce cas l'exception *rei judicatæ* peut être opposée parce qu'elle sert à faire valoir l'autorité de la chose jugée ; et l'exception *rei in judicium deductæ* peut être également employée, parce que le jugement n'a point effacé l'effet extinctif de la *litis contestatio*.

Nous disons que c'est là la règle générale, qu'on peut déduire de quelques textes de Gaïus, notamment des paragraphes 181, III; 106 et 107, IV, que nous avons déjà cités.

Quelquefois l'exception *rei in judicium deductæ* est seule admissible. Un procès peut se terminer soit en faveur du demandeur soit en faveur du défendeur, en d'autres termes, il y a ou absolution ou condamnation. Supposons, en premier lieu, que l'action soit terminée par une absolution. Ce résultat tient ordinairement à l'absence du droit du demandeur ou à l'absence de preuves suffisantes. Le demandeur trouve un meilleur avocat et s'imagine qe son habileté pourrait le faire triompher s'il agissait à nouveau, ou bien il peut se procurer plus de preuves. De là lui vient le désir d'agir une deuxième fois. L'exception *rei judicatæ* est facile à motiver dans ce cas.

Mais il y a des cas où le défendeur peut avoir été absous par suite d'un accident de procédure, par suite, par exemple, d'une *plus petitio*. En effet, nous savons que, sous le système formulaire, lorsque la prétention du demandeur se trouve dépasser son droit, ce demandeur succombe. De deux choses l'une, dit-on : où la prétention du demandeur est fondée, où elle ne l'est pas. Pour le cas où elle est fondée, il est enjoint au juge de condamner le défendeur ; pour le cas contraire, il lui est enjoint de l'absoudre. Lorsque, créancier de dix sous d'or, je prétends être créancier de quinze, évidemment ma prétention telle que je la produis n'est pas fondée : donc le juge ne peut que prononcer l'absolution du défendeur, attendu que les termes dans lesquels est conçu la formule ne l'autorisent point à prononcer une condamnation inférieure au chiffre de ma prétention.

Il y a ici erreur commise sur le droit, mais ce droit existe evidemment, l'exception *rei judicatæ* ne se comprend donc pas. Au contraire, comme malgré l'erreur que j'ai commise, mon droit n'en a pas moins été déduit *in judicium*, je ne pourrai pas renouveler le procès sans me voir opposer l'exception *rei in judicium deductæ*.

Il en est de même si nous supposons que l'absolution ait été déterminée par une des exceptions dilatoires : *pacti conventi; litis dividuæ et rei residuæ*, par les exceptions *cognitoriæ*. Comment pourrait-on opposer l'exception *rei judicatæ* à la deuxième action, quand la première demande n'a été repoussée que parce qu'elle a été faite avant l'expiration d'un délai convenu, ou parce qu'on a réclamé une partie seulement de son droit, ou parce qu'on a intenté une seule action là où on pouvait en intenter plusieurs, enfin parce que celui que l'édit rend incapable de constituer un *cognitor* s'est servi d'un *cognitor*, ou bien parce qu'il a constitué *cognitor* une personne qui ne pouvait recevoir cette fonction ? Dans tous ces cas, bien loin que la prétention du demandeur ait été jugée fausse ou mal fondée, c'est plutôt le contraire qui résulte du jugement, et la défense se réduit à dire qu'il a épuisé son droit par une première action. L'exception *rei in judicium deductæ* parait donc seule fondée (1).

Avant d'aller plus loin, ajoutons qu'il y a un texte qui nous semble dire que tel était aussi le point de vue de Gaïus. Voici ce texte : « *Observandum est autem ei cui dilatoria objicitur exceptio, ut differat actionem : alioquin, si objecta exceptione egerit, rem perdit; nec enim, post illud tempus quo integra re evitare poteret, adhuc ei potestas agendi superest, re in judicium deducta et per exceptionem perempta* (2). »

Nous avons trouvé jusqu'ici un domaine commun aux deux exceptions et un domaine propre à l'exception *rei in judicium deductæ*.

Supposons maintenant que la première action aboutit à une condamnation. Le défendeur peut encore opposer l'une ou l'autre exception. Mais l'exception *res judicata* ne repose pas dans ce cas sur l'*auctoritas rei judicatæ ;* car il y a chose jugée en faveur du demandeur, et il serait bizarre que le défendeur invoque une présomption de vérité qui lui est tout à fait contraire.

L'exception dérive ici tout simplement d'un motif d'équité ; le demandeur est déjà satisfait. Ensuite, un même droit ne peut pas plus servir de cause à deux condamnations contre la même personne qu'à deux jugements.

Il y a cependant un cas dans lequel le demandeur qui a obtenu une condamnation peut songer raisonnablement à de nouvelles poursuites. Dans ce cas particulier l'exception *rei in judicium deductæ* est encore seule possible. Cela a lieu quand

(1) Accarias, *Précis de droit romain*, II, n° 913.

(2) Gaïus, IV, § 123.

l'action déjà intentée était *incerta* et que la portée n'en a été limitée par aucune *præscriptio*. L'action est *incerta* lorsqu'elle a une *intentio incerta*, c'est-à-dire qui ne détermine pas l'objet et l'étendue de la demande; les conclusions du demandeur ne sauraient être ni supérieures ni inférieures à son droit ; la demande a pour objet *quidquid paret dare facere oportere*. Cette formule comprend naturellement la totalité du droit qui se rattache à la cause indiquée dans la *demonstratio*. Cette règle a des inconvénients : le droit peut ne pas être exigible pour le tout, et fut-il exigible pour le tout, le demandeur peut avoir ses raisons pour ne pas le faire valoir tout entier dès à présent. On y remédie à l'aide d'une *præscriptio*, partie accessoire de la formule qui a pour effet de restreindre la demande à une portion du droit. La condamnation prononcée ne contenant alors qu'une sanction partielle du droit, ce droit n'est plus entièrement éteint.

Mais lorsqu'on n'a pas enlevé, par le moyen d'une *præscriptio*, la portée régulière des expressions *quidquid paret dare facere oportere*, lorsqu'on n'a pas ainsi concentré l'action sur un ou plusieurs points déterminés, une demande ultérieure se heurterait à une exception. Quelle est cette exception ? Plusieurs textes disent que c'est l'exception *rei judicatæ* (1). Cependant nous inclinons à penser que c'est plutôt l'exception *rei in judicium deductæ* (2). Le motif qui nous détermine est que la question soulevée par le demandeur n'a été ni tranchée ni même examinée par le juge. Les textes en sens contraire ont dû être retouchés par Justinien. Ajoutons que dans la pratique on confondait souvent les deux exceptions.

Nous avons toujours raisonné dans l'hypothèse où la première

(1) Dig. L. 46, § 5, XXVI, 7 ; C. L. 2, III, 1 ; C. L. 4, IV, 34.
(2) Cicéron, *De Orat.*, I, 37.

action s'est dénouée par un jugement, et nous sommes arrivés à ce résultat : que dans la plupart des cas l'on peut choisir entre les exceptions *rei judicatæ* et *rei in judicium deductæ ;* ce n'est que dans des cas exceptionnels que cette dernière est seule possible.

Si nous nous plaçons maintenant dans l'hypothèse où la première action n'a point été jugée, l'exception *rei in judicium deductæ* est incontestablement la seule possible.

L'action a pu ne pas être jugée soit parce que l'instance est cucore pendante, soit parce qu'elle est déjà périmée. Car, il y a un délai dans lequel la sentence devra être nécessairement rendue et à l'expiration duquel le juge est dessaisi et le droit du demandeur définitivement perdu ; ce délai varie suivant que le *judicium* est *legitimum* ou *imperio continens.* Si le *judicium* est *legitimum* la sentence, aux termes de la loi *Julia judiciaria*, ne peut être rendue que dans le délai de dix-huit mois ; si le *judicium* est *imperio continens*, elle peut être rendue tant que dure l'*imperium* du magistrat et ne va jamais au delà d'un an moins une fraction de jour, puisque toutes les magistratures romaines sont annales. Ainsi j'obtiens une formule d'action contre Primus, et la fonction du prêteur expire avant que je n'ai obtenu jugement ; le *judicium* organisé par lui s'évanouit. Si je veux exercer contre Primus une nouvelle poursuite, il m'opposera l'exception *rei in judicium deductæ.*

Il résulte de l'examen que nous venons de faire, que ces deux exceptions ont un large domaine qui leur est commun, et que l'exception *rei in judicium deductæ* a de plus un domaine qui lui est propre. Il n'y a aucun cas où l'on soit forcé de recourir à l'exception *rei judicatæ.* Le terrain de celle ci est donc beaucoup moins considérable que celui de l'autre. En voici encore une preuve : En cas de plusieurs débiteurs correaux ou d'un débiteur principal et plusieurs fidéjusseurs, la poursuite dirigée contre l'un d'eux libère tous les autres ; de même dans le cas de plusieurs *correi stipulandi*, le *correus stipulandi* qui agit éteint le droit des autres. Si une seconde action est exercée par l'un des créanciers ou contre l'un des obligés qui n'ont pas figuré dans la première, c'est l'exception *rei in judicium deductæ* qui protège le défendeur. *Quid*, lorsque le jugement a été rendu ? C'est encore la même exception, puisque l'on ne recherche ni quelle a été la décision du juge, ni sur quel motif elle repose.

Mais si l'exception *rei judicatæ*, envisagée dans sa fonction négative, n'a point de domaine qui lui soit propre, elle en a un lorsqu'elle est opposée, non plus par un défendeur poursuivi à nouveau, mais par celui qui a été demandeur dans un premier procès et qui veut profiter de ce qui a été jugé. Car on ne tarda pas à reconnaître les inconvenients que présentait cette exception n'ayant qu'une fonction négative, et on lui attribua aussi une fonction positive. Désormais, elle ne se fonde plus sur l'existence du jugement, sur la consommation du droit d'action, mais sur le contenu de ce jugement, sur la présomption de vérité. Elle n'est plus un moyen de défense pour le débiteur seulement, mais elle peut servir aussi au demandeur.

Quant à l'époque où apparut cette nouvelle théorie il est assez difficile de la préciser. Tout ce que nous savons c'est que déjà du temps de Gaïus la nouvelle forme de l'exception *rei judicatæ* était appliquée, comme le prouvent les lois 15 et 17, *De Exc. rei jud.*

Envisagée dans cette nouvelle fonction, elle s'applique surtout dans les actions réelles. Exemple : Primus a revendiqué contre Secundus un fonds, et il a triomphé; le juge l'en a déclaré propriétaire. A son tour Secundus revendique contre Primus ce même fonds ; il pourra être repoussé par l'exception *rei judicate*, car quand le juge a déclaré que la propriété appartenait à Primus, du même coup il a déclaré, implicitement, qu'elle n'était pas à Secundus.

Avant que l'exception *rei judicatæ* eût une fonction positive, il n'en était point ainsi. Primus ne pouvait pas opposer l'exception à la revendication de Secundus, car c'est pour la première fois que celui-ci intentait une action pour assurer l'exercice de son droit. Maintenant, il ne s'agit plus d'empêcher Secundus de poursuivre deux fois Primus — il ne l'a pas encore poursuivi ; — il s'agit d'invoquer au profit de Primus une qualité de propriétaire que le juge du premier procès lui a reconnu (1).

De même, il y a entre vous et moi procès sur une hérédité ; le juge a déclaré que l'hérédité était mienne. Si ensuite vous intentez contre moi la pétition d'hérédité, l'exception *rei judicatæ* pourra vous être opposée, car par cela seul que l'hérédité a été déclarée être mienne, par cela seul elle n'est pas vôtre (2).

Dans ces hypothèses, l'exception *rei in judicium deductæ* ne saurait remplacer l'exception *rei judicatæ* ; elle n'a pas de fonction positive. En effet, comment pourrait-elle être opposée à l'ex-défendeur lorsqu'il n'y a que le droit de son adversaire qui ait été antérieurement déduit en justice ?

Nous nous sommes placés jusqu'ici dans le droit classique.

Sous Justinien, nous ne trouvons rien de changé quant à la fonction positive de l'exception *rei judicatæ*. Au contraire, quant à sa fonction négative, le changement est considérable. Les applications de cette exception se sont peu à peu multipliées, et elle est ainsi devenue beaucoup plus importante que l'exception *rei in judicium deductæ*, qui a presque disparu.

(1) Dig. L. 40, § 2, III, 3.
(2) L. 15, XLIV, 2.

Dans la législation de Justinien, le système du *judicium imperio continens* a prévalu ; la *litis contestatio* ne transforme plus le droit déduit en justice, c'est-à-dire ne l'éteint plus et ne le remplace pas par un droit nouveau. La conséquence de cette innovation est qu'une nouvelle demande est toujours recevable *ipso jure* et ne peut jamais succomber que devant une exception. Cette exception est, dans la plupart des cas, l'exception *rei judicatæ*. Pour le prouver, plaçons-nous successivement dans les deux hypothèses : dans celle où une action s'est terminée par un jugement et dans celle où l'action n'a pas encore été jugée.

Nous supposons d'abord qu'il y a eu jugement. Nous n'avons qu'à comparer le § 5, tit. XIII, IV, de Justinien, avec le § 181, III, de Gaïus :

« *Item si judicio tecum actum fuerit, sive in rem, sive in personam, nihilominus obligatio durat, et ideo ipso jure de eadem re postea adversus te agi potest ; sed debet per exceptionem rei judicatæ adjuvari* (1). »

« *Unde fit, ut si legitimo judicio debitum petiero, postea de eo ipso jure agere non possim, quia inutiliter intendo dari mihi oportere, quia litis contestatione dari oportere desiit : aliter atque si imperio continenti judicio egerim, tunc enim nihilominus obligatio durat, et ideo ipso jure postea agere possum, sed debeo per exceptionem rei judicatæ vel in judicium deductæ summoveri* (2). »

On voit que là où Gaïus donnait le choix entre les exceptions *rei judicatæ et rei in judicium deductæ*, Justinien autorise l'une et élimine l'autre. Cela s'explique facilement pour le cas où les

(1) Just. IV, tit. XIII, § 5.
(2) Gaïus, IV, § 181.

deux exceptions concouraient : dans ce cas l'exception *rei in judicium deductœ* n'a plus ni raison d'être ni utilité. Pour le cas où elle pouvait seule être opposée, il n'y a sous Justinien besoin d'aucune exception. La *plus petitio* n'a plus les effets rigoureux qu'elle entrainait sous le système formulaire.

Lorsque le demandeur demande plus que son droit, c'est-à-dire lorsqu'il y a *plus petitio quantitate*, il ne succombe plus, son droit n'est pas épuisé comme autrefois ; il encourt seulement une condamnation égale au triple du préjudice qu'il a pu causer au défendeur. Si nous sommes dans le cas d'une *plus petitio tempore*, Justinien nous renvoie à une constitution de l'Empereur Zénon qui double le temps qui restait à courir du jour de la demande jusqu'au jour de l'échéance (1). Rien donc n'empêche désormais la reproduction de l'action.

En généralisant ce qui est dit formellement, nous décidons de même lorsque le défendeur oppose l'exception *cognitoria*, quoique Justinien ne parle que de l'hypothèse de la *plus petitio*.

Le demandeur reste encore dans ce cas armé de son droit, l'exercice seul étant ajourné un peu ; du moment que la *res in judicium deducta* n'a plus son effet d'autrefois, nous ne voyons rien qui fasse obstacle à la reproduction de la demande.

Quant aux exceptions *litis dividuœ et rei residuœ*, que nous avons rencontrées dans le droit classique, elles n'apparaissent nulle part dans la compilation de Justinien ; elles étaient probablement tombées en désuétude.

Enfin lorsqu'il s'agit d'une action *incerta*, le surplus de la demande, qui n'a pas été porté devant le juge, demeure intact sous Justinien et peut faire l'objet d'une action.

Passons à l'hypothèse où l'action n'a pas encore été jugée. Il

(1) Inst. IV, XIII, §§ 10 et 33.

faut distinguer ici, comme dans le droit classique, s'il y a péremption d'instance où si l'instance est encore pendante. Dans le premier cas la nouvelle action peut être intentée sans crainte. Les *judici* étant réduits à une seule catégorie, les règles de la péremption d'instance furent remaniées et rendues uniformes. En l'année 424, Théodose, dans une constitution qui établit la prescription trentenaire des actions, décida que l'instance ne serait plus éteinte que lorsque dans les trente ans à partir de la *litis contestatio* elle n'aurait pas abouti à un jugement (1). Justinien change cette règle ; il sépare plus nettement la péremption de l'instance de la prescription de l'action, en décidant que l'instance périrait désormais par trois ans (2). Mais il décide en même temps que le droit, c'est-à-dire l'action, durera encore quarante ans. En d'autres termes, le délai de trois ans une fois écoulé emporte de plein droit dessaisissement du juge, mais le demandeur ne perd plus son droit : l'action qu'il avait subsiste et peut être intentée une seconde fois ; la péremption d'instance n'anéantit plus que la procédure. C'est la conséquence logique de la nouvelle règle que la *litis contestatio* n'a plus la même vertu extinctive qu'autrefois (3).

Si nous supposons, maintenant, l'instance encore pendante même sous Justinien, la nouvelle demande pourra être repoussée par l'exception *rei in judicium deductæ* : l'équité l'exige ainsi. C'est là un terrain qui lui reste encore ; mais il est évident qu'en pratique elle devenait de plus en plus rare.

Quoique les textes fassent défaut, une autre application, non moins rare du reste, de l'exception *rei in judicium deductæ* dans le droit de Justinien se trouve — croyons-nous — dans l'hypo-

(1) C. Jh. L. 1, § 1, IY, 14.
(2) C. L. 13, § 1. III, 1.
(3) C. L. 1, § 1, VII, 40 ; L. 9, VII. 39.

thèse de deux *correi stipulandi*. Nous allons essayer de le prouver.

Lorsqu'il y avait, dans le droit antérieur, *litis contestatio* sur la demande judiciaire formée par l'un des *correi stipulandi* ou contre l'un des *correi promittendi*, le droit ou l'obligation des autres disparaissait, soit *ipso jure* soit *per exceptionem* (1). Ceci s'expliquait par la raison que la *litis contestatio* ne rendait pas recevable une nouvelle action relative au droit déjà déduit en justice et que le droit nouveau engendré par la *litis contestatio* ne pouvait n'appartenir à des tiers ni leur être opposé. Justinien fit relativement aux promesses corréales une importante réforme, en décidant que désormais la demande formée contre l'un des *correi promittendi* laisserait subsister l'obligation des autres, afin d'éviter l'iniquité qui faisait retomber l'insolvabilité du débiteur poursuivi sur le créancier (2). Il garde, quant à la sipulation corréale, un silence complet. Ce silence ne prouve-t-il pas que Justinien a voulu sur ce point laisser intact le droit antérieur? Oui, certainement, et c'est fort raisonnable : puisque chaque costipulant conserve le droit de recevoir le payement intégral, il est tout juste que le poursuivant soit traité, à l'égard de ses *correi*, comme s'il avait été payé; il ne faut pas que son droit dépende de la gêne ou de la mauvaise foi du débiteur. Si donc une seconde action est exercée par l'un des *correi* qui n'a pas figuré dans la première, l'exception *rei in judicium deductae* protégera le défendeur.

L'exception *rei in judicium deductæ* ayant perdu presque toute sa portée dans le dernier état de la législation, nous la laisserons de côté pour nous occuper spécialement de l'exception *rei judi-*

(1) Dig. L. 5, *in fine*, XLVI, 1 ; L. 51, § 4, XXI, 2.
(2) C. L. 28, VIII, 41.

catæ, qui est la forme la plus ordinaire et la plus importante dans la pratique pour protéger les jugements contre de nouvelles attaques arbitraires.

Nous allons étudier les conditions qu'elle doit réunir pour être valablement opposée.

Faisons remarquer, avant d'entrer dans cette étude, que les conditions exigées pour que l'exception *rei judicatæ* triomphe, le sont aussi lorsqu'il s'agit de l'exception *rei in judicium deductæ*. De même, une défense tirée du fond ne vaut que moyennant des conditions exactement semblables.

Si les textes qui nous sont parvenus ne les posent qu'à l'occasion de l'exception *rei judicatæ*, cela s'explique, précisément, par le dernier état de la législation, où l'exception *rei in judicium deductæ* a pour ainsi dire à peu près disparu.

CHAPITRE II

CONDITIONS AUXQUELLES EST SUBORDONNÉE L'EXCEPTION REI JUDICATÆ.

Ces conditions sont au nombre de deux. Pour que l'exception puisse être opposée, il faut d'abord que l'objet de la seconde action soit tout à fait le même que celui de la première ; il faut ensuite que la partie qui renouvelle sa demande soit exactement celle qui a plaidé dans la première instance.

Ces conditions peuvent se résumer ainsi : 1° identité de question ; 2° identité de parties (1).

Ulpien dit : « *Et generaliter (ut Julianus definit) exceptio rei judicatæ obstat, quotiens inter eosdem personas eadem quæstio revocatur* (2). Le grand jurisconsulte cite plusieurs fois ce texte comme une règle de droit indiscutable.

La nécessité des deux conditions se justifie facilement : s'il n'y a pas identité de question, on ne peut pas dire qu'il y a *res judicata*. — La deuxième condition n'est que l'application d'une règle générale : « *Res inter alios judicatæ, neque emolumentum affere his, qui judicio non interfuerunt, neque præjudicium solent irrogare* (3) ; il serait inique de décider autrement.

Nous examinerons successivement, dans deux sections, les conditions exigées.

(1) L L, 5, 14, pr., 22, 27, XLIV, 2.
(2) L. 7, § 4, h. t.
(3) C. L. 2, VII, 56 ; L. 1, VII, 60.

SECTION PREMIÈRE.

De l'identité de question.

Lorsqu'on veut savoir s'il y a identité de question, on n'a qu'une chose à faire : comparer les conclusions actuelles du demandeur avec le premier jugement. Si le juge nouveau peut statuer sur la demande nouvelle sans répéter ou contredire le jugement précédent, il n'y a point *eadem quæstio;* dans le cas contraire, il y a *eadem quæstio.*

Pour que l'exception *rei judicatæ* soit donc opposable, il faut, en d'autres mots, que la question soumise à l'examen du juge dans le second procès soit précisément celle sur laquelle a porté la première demande : « *Et quidem ita definiri potest totiens eamdem rem agi, quotiens apud judicem posteriorem id quæritur, quod apud priorem quæsitum est* » (1).

Nous trouvons plusieurs solutions dans les textes des jurisconsultes romains qui confirment cette règle. Ainsi, lorsque quelqu'un exerce l'interdit *uti possidetis*, c'est-à-dire prétend à la possession d'un immeuble, et succombe, rien ne l'empêche d'intenter une action en revendication. En effet, la question n'est pas la même dans les deux demandes; on peut très bien être propriétaire sans posséder : *nihil commune habet proprietas cum possessione* (2). Et réciproquement, une personne qui a échoué dans l'action en revendication peut intenter l'action

(1) L. 7, § 1, XLIV. 2

(2) L. 14, § 3. h. t.; L. 12, § 1, XLI, 2.

publicienne, car tout en n'étant pas propriétaire peut être *in causa usucapiendi* (1).

De même, celui qui a succombé dans une action en revendication peut agir par une *condictio*, car ce sont deux questions tout à fait différentes que de savoir si l'on est propriétaire ou créancier. Primus revendique contre Secundus le fonds Cornélien, et il succombe. Plus tard il intente contre le même Secundus une action personnelle, par lequel il soutient qu'il est obligé de lui transférer la propriété de fonds Cornélien en vertu d'une stipulation. Il n'y a pas identité de question, parce que dans la première action le juge avait à décider si la propriété appartenait ou non à Primus, tandis que dans la seconde il s'agit de savoir s'il y a eu une stipulation obligeant Secundus à transférer la propriété à Primus. Dans l'action personnelle, le droit de propriété de Secundus n'est pas contesté; au contraire, d'accord avec le premier jugement, son adversaire le reconnaît comme véritable propriétaire (2).

Il n'y a pas non plus identité de question, et par conséquent lieu à l'exception *rei judicatæ*, lorsque quelqu'un après avoir demandé la servitude *iter* demande la servitude *actus*. « *Si quis iter petierit,* dit Ulpien, *deinde actum petat : puto fortius defendendum, aliud videri tunc petitur ; aliud nunc : atque ideo exceptionem rei judicatæ cessare* » (3). Si on compare ce texte avec le *principium* du titre III, livre II, des Institutes, il paraît en résulter une contradiction. Voici ce que nous dit Justinien : « *Iter est jus eundi, ambulandi hominis, non etiam jumentum agendi vel vehiculum. Actus est jus agendi vel jumentum vel*

(1) L. 39, § 1, XXI, 2.
(2) L. 31, XLIV, 2.
(3) L. 11, § 6, XLIV, 2.

vehiculum : itaque qui habet iter, actum non habet ; qui actum habet, et iter habet, eoque uti potest etiam sine jumento. »

Ainsi, Justinien déclare formellement que celui qui a *actus* a en même temps *iter*. On aperçoit quelle est la contradiction : d'après Ulpien la personne qui a demandé *iter* peut sans aucune difficulté demander ensuite *actus* ; d'après Justinien cela n'est pas possible, car comme celui qui a *actus* a en même temps *iter* on donnerait, à supposer que le second procès réussisse, au gagnant *iter* et *actus* sans tenir le moindre compte de la première sentence. Si l'on ne donnait que *actus* sans *iter* on méconnaîtrait la définition de Justinien.

Nous croyons, et il y a un texte qui nous autorise à décider ainsi, que ces deux textes s'expliquent l'un et l'autre ; ils ne sont nullement contradictoires. Il faut se rappeler pour cela que chez les Romains en matière de servitudes la convention des parties remplaçait presque toujours la loi. S'il est donc vrai que le droit de passer avec des troupeaux ou des véhicules implique également le droit de passer seul, il n'en est pas moins vrai que l'accord des parties peut déroger à cette règle. Si on suppose maintenant que dans le paragraphe d'Ulpien il est question d'un *actum* limité par une convention toute contradiction s'efface (1).

Enfin voici un autre exemple rentrant dans le même ordre d'idées. Primus est poursuivi pour un dommage résultant de son dol, mais, comme le dol n'est pas prouvé, le juge l'absout. S'il est établi qu'il y a eu faute de sa part il pourra être tenu de la loi *Aquilia* (2).

Il serait facile de multiplier ces exemples ; mais dès à présent nous pouvons conclure que c'est à une question de fond qu'il

(1) L. 4, § 1, VIII, 5.
(2) L. 13, pr., XL, 12.

faut toujours s'attacher pour savoir s'il y a ou non identité de question, et non à une certaine analogie, à une ressemblance plus ou moins grande entre les deux litiges.

Nous allons voir maintenant qu'à l'inverse, certaines différences, plus ou moins apparentes, que peuvent présenter les deux procès n'empêchent nullement l'existence de l'*eadem questio*, si la nouvelle prétention du demandeur provoque le débat sur un point déjà décidé par un premier juge. Ainsi j'ai revendiqué certains objets de la succession contre vous, et j'ai succombé ; j'agis ensuite par une autre voie, par la pétition d'hérédité. Je serai repoussé par une exception. L'exception me sera opposée parce que la question principale qui se pose au juge c'est de savoir si je suis héritier ; et cette qualité m'ayant été déniée une première fois, ce serait revenir sur le premier jugement que d'autoriser le second procès. Dans les deux cas le point en litige est le même (1).

De même, l'individu qui a revendiqué une portion d'un fonds ou a intenté la pétition d'hérédité, en se disant héritier d'une part, et qui a succombé, ne peut pas agir ensuite par les actions en partage *familiæ erciscundæ* ou *communi dividundo* sans se voir opposer l'exception *rei judicatæ*. En effet ces actions supposent l'existence de la copropriété que le premier jugement lui a déniée (2).

Il en est de même si l'acheteur, après avoir dans le délai de six mois exercé son option et intenté, par exemple, l'*actio redhibitoria* voulait ensuite se prévaloir de l'action *quanti minoris* ; car dans les deux cas la même question est soumise au juge : la chose vendue a-t-elle des vices cachés ou ou non? (3).

(1) LL. 3, 7, § 4, XLIV. 2.
(2) L. 8, h. t.
(3) L. 25, § 1, XLIV, 2.

Enfin il n'est pas difficile non plus de trouver d'autres applications de cette règle, que le jurisconsulte Ulpien pose en ces termes : « *De eadem re agere videtur, et qui non eadem actione aget, qua ab initio agebat* » (1).

Il peut se faire que la même question se trouve posée dans une action différente, non à titre principal, comme dans ces exemples, mais d'une manière incidente. Il y aura dans ce cas encore identité, et, par suite possibilité d'opposer l'exception. En voici un exemple : J'ai un procès avec vous relativement au fonds Titien que vous possédez. Au cours du procès vous réclamez au profit de ce fonds un droit de passage sur le fonds Sempronien dont je suis propriétaire. Si vous triomphez sur ce dernier point vous pourrez opposer à mon action en revendication l'exception *rei judicatæ*. En effet, pour établir votre droit à la servitude, vous avez dû établir d'abord votre droit à la propriété du fonds Titien (2). Remarquons qu'il y a un moyen pour empêcher ce résultat : celui d'opposer à votre action confessoire un *prejudicium*, *quod præjudicium prædio non fiat.*

De même qu'il y a identité quand la question soulevée par le second procès n'aurait été résolue qu'incidemment par le premier, de même cette identité se retrouve lorsque l'objet de la première demande contenait implicitement celui de la seconde, et l'exception peut être opposée.

Ulpien nous dit pourquoi, dans la *principium* de la loi 7, XLIV, 2 : « *Si quis cum totum petisset, partem petat, exceptio rei judicatæ nocet : nam pars in toto est.* » Les applications citées par Ulpien soulèvent de graves difficultés; aussi il y a ici une des controverses les plus grosses de la matière. — Reproduisons d'abord en entier le texte d'Ulpien. Après avoir posé la

(1) L. 5, XLIV, 2 h. t.

(2) LL. 16, 18, XLIV, 1.

règle, il continue : « *Eodem enim res accipitur, et si pars petatur ejus, quod totum petitum est. Nec interest, utrum in corpore hoc quæratur, an in quantitate, vel in jure. Proinde si quis fundum petierit, deinde partem petat vel pro diviso, vel pro indiviso : dicendum erit exceptionem obstare. Proinde et si proponas mihi certum locum me petere ex eo fundo, quam peti, obstabit exceptio. Idem erit probandum, et si duo corpora fuerint petita, mox alterutrum corpus petatur : nam nocebit exceptio. Item si quis fundum petierit, mox arbores excisas ex eo fundo petat ; aut insulam petierit, deinde aream vel tigna, vel lapides petat. Item si navem petiero, postea singulas tabulas vindicem.* »

Ainsi Ulpien commence par nous dire que la règle *pars in toto est* s'appliquera qu'il s'agisse d'un corps certain, d'une quantité ou d'un droit.

Il indique ensuite les diverses hypothèses dans lesquelles son application a lieu. Ces applications, dit-on, ne sauraient soulever aucune difficulté si quelques lignes plus loin, au § 2, Ulpien revenant sur la même hypothèse, n'en donnait pas une solution absolument différente. Quoique ce soit là l'avis de tout le monde, qu'il nous soit permis d'en penser autrement. Faisons donc abstraction du § 2, et demandons-nous s'il est bien vrai que les exemples que donne le jurisconsulte dans le *principium* de la loi 7 ne sauraient donner lieu à aucune discussion. Reprenons-les.

Ulpien suppose, en premier lieu, que j'ai revendiqué un fonds dont je me suis dit propriétaire entièrement, et qu'après avoir succombé j'en revendique une part divise ou indivise ; l'exception *rei judicatæ* me fera obstacle. Mais l'exception *rei judicatæ* peut-elle raisonnablement m'être opposée dans ce cas? Nous ne le croyons pas. Sur quoi la fonderait-on ? Sur la présomption de vérité attachée à la sentence du juge? Ce n'est pas possible, car je peux n'être pas propriétaire exclusif d'un fonds et en avoir cependant une quote-part ou une région déterminée. La décision d'Ulpien ne peut être logique et fondée qu'à l'époque classique. Et alors, ce n'était pas l'exception *rei judicatæ* qui faisait obstacle à la nouvelle demande, mais l'exception *rei in judicium deductæ*. Ainsi ce n'est qu'à l'époque classique que ce texte avait un sens. En effet nous savons que celui qui demandait plus que son droit commettait une *plus petitio* et ne pouvait plus agir de nouveau. Si donc, après avoir revendiqué le tout, j'en revendiquais une partie, je succombais nécessairement parce que mon droit entier avait été déduit en justice et, par conséquent, épuisé. Ce n'était pas l'exception *rei judicatæ* qui protégeait le défendeur, mais, nous la répétons, l'exception *rei in judicium deductæ*. Qu'arrive-t-il dans le droit de Justinien? La *deductio in judicium* n'a plus sa signification primitive. Dans son droit le demandeur peut réduire sa demande devant le juge et gagner son procès; il ne succombe plus à une *plus petitio*. S'il avait ignoré l'éteaduc de son droit, il avait une nouvelle action pour agir. L'exception *rei judicatæ* n'était pas possible.

Nous ferons la même observation sur la deuxième application d'Ulpien : « Si à la suite d'une première demande ayant pour objet deux corps, par exemple deux esclaves, le juge ne m'a rien accordé, je ne puis faire une seconde demande ayant pour objet un de ces corps seulement, sans me voir opposer l'exception *rei judicatæ*. »

Continuons la lecture du texte d'Ulpien : « Il en est de même, dit-il, si quelqu'un a d'abord revendiqué un fonds, et revendique ensuite les arbres arrachés. » Ici, évidemment, l'exception *rei judicatæ* s'applique, car les arbres appartiennent toujours au propriétaire du sol. Nous en dirons autant de l'exemple suivant :

« Il en est de même encore s'il a demandé une maison, et après il demande le sol ou bien les matériaux dont elle était composée, » car le sol appartient toujours au propriétaire de la maison, ou plutôt la maison appartient toujours au propriétaire du sol, et les matériaux par leur incorporation au sol forment un objet nouveau que la loi attribue au propriétaire de celui-ci.

Enfin la décision d'Ulpien est la même lorsqu'après avoir revendiqué un navire on revendique ensuite, en détail, les planches ; cette décision ne nous paraît pas très exacte, et nous rangerons cet exemple dans la même catégorie que les deux premiers. En effet si le juge prononce que le navire ne m'appartient pas, il ne s'ensuit pas de là que les planches ne sont pas miennes, quoiqu'elles s'absorbent dans l'unité qui forme le navire. Le même motif que pour la décision relative aux matériaux d'une maison ne se rencontre pas ici. Remarquons que le propriétaire dépouillé aura toujours l'action *ad exhibendum* pour se les faire représenter et arriver ainsi à la revendication.

Ces observations ne conduisent-elles pas à penser que le *principium* de la loi 7, Dig. *Except. rei jud.*, contient une confusion très regrettable ? et qu'on y cite comme se rapportant à l'exception *rei judicatæ* des exemples qui ne visent que l'exception *rei in judicium deductae* ? Nous allons plus loin, nous méconnaîtrons tout à fait l'utilité dn principe *pars in toto est* même dans les 3e et 4e exemples ci-dessus mentionnés ; pour décider que l'exception *rei judicatæ* sera opposée à une nouvelle demande, il n'y a nullement besoin d'invoquer ce principe. Les compilateurs des Pandectes eussent donc mieux fait de l'écarter absolument comme inutile et donnant lieu à de nombreuses difficultés. S'il avait sa raison d'être dans le droit antérieur à Justinien où il se rapportait surtout à l'exception *rei in judicium deductæ*, où il était l'expression exacte de certaines rigueurs propres à la procédure formulaire, il ne se comprend plus dans le droit de ce prince. On n'avait pour savoir s'il y a identité de question ou non qu'une chose bien simple à faire : rechercher si le premier juge n'a pas déjà statué sur les conclusions actuelles du demandeur soit directement soit par voie de conséquence.

Dans le paragraphe 2 de la loi 7, Ulpien revient sur une hypothèse qu'il a présentée dans le *principium*, celle relative à la revendication des matériaux d'une maison ; il s'exprime de la façon suivante : « *Sed in cœmentis et lignis diversum est ; nam is qui insulam petit, si cœmenta, vel tigna, vel quid aliud suum petat, in ea conditione est, ut videatur aliud petere : etenim cujus insula est non utique et coementa sunt ; denique ea quæ juncta sunt ædibus alienis separata dominus vindicare potest* ». Il y a sur ce point contradiction entre le paragraphe 2 et le *principium* de la loi que nous avons cité. Dans le *principium*, le jurisconsulte déclare qu'on ne peut pas revendiquer les matériaux après avoir échoué dans la revendication de la maison ; dans le paragraphe 2 la solution qu'il propose est absolument contraire. Comment expliquer cette contradiction ?

Dans un premier système on pense qu'il n'y a point de contradiction entre ces deux textes et on prétend les concilier. Dans le *principium* Ulpien suppose qu'on revendique les matériaux d'une maison qui est encore debout ; dans le paragraphe 2 il suppose qu'après avoir prétendu être propriétaire de la maison, on revendique ensuite spécialement les matériaux provenant de sa démolition. On objecte à ce système que s'il est possible que l'on soit propriétaire d'une maison sans l'être de matériaux avec lesquels elle est construite, comme on peut l'être d'un vaisseau construit avec les planches d'autrui, il paraît bien extraordinaire qu'une distinction si importante ne soit indiquée par aucune de ces oppositions dont les jurisconsultes sont si prodigues, mais seulement par un simple mot incident perdu à la fin du paragraphe 2.

D'après un deuxième système, Ulpien a donné la décision du *principium* simplement à titre d'exemple et pour invoquer les cas où l'on peut trouver l'application de la règle : *pars in toto est*, puis s'est avisé ensuite qu'on pouvait quelquefois restreindre l'application de cette règle, et dans les paragraphes 2 et 3 il a donné sa décision définitive et raisonnée. Admettre une pareille explication ce serait se faire une bien mince idée du grand jurisconsulte, du législateur même, de celui qui fondait la jurisprudence : *qui jus condebat* ! Il n'est guère admissible de supposer chez lui une pareille légéreté d'esprit et de la lui faire avouer par écrit.

Dans un autre système on dit que le paragraphe 2, de même que le paragraphe 3, contiennent des exceptions à la règle *pars in toto est*, basées sur la non identité de cause dans les deux litiges.

Avant de réfuter ce système il faut dire que certains jurisconsultes décomposent la question d'identité, en identité d'objet et identité de cause : « *Cum quœritur, haec exceptio noceat, nec ne? inopiciendum est, an idem corpus sit; quantitas eadem, idem jus; et an eadem causa petendi, et eadem conditio personarum : quœ nisi omnia concurrunt, alia res est* (1)..... » Nous n'avons pas cru devoir distinguer ainsi l'objet même de la demande du fondement sur lequel elle s'appuie. Il nous semble que les éléments qui concourent à la formation de la demande doivent être envisagés dans leur ensemble pour bien se rendre compte du point en litige. Ce qui nous a décidé à écarter l'*eadem causa petendi*, ou plutôt de ne faire qu'une seule condition de

(1) LL. 12, 13, 14, pr. XLIV, 2.

l'identité d'objet et de l'identité de cause, c'est le désir de ne point compliquer une matière déjà difficile, car ces deux termes n'ont pas une signification invariable et absolue.

Nous ne voyons du reste dans ces divisions qu'une question de mots et non des points de droit véritablement importants. Nous aurons l'occasion de revenir sur l'identité de cause.

Retournons maintenant au troisième système. On a dit : il peut se faire que celui qui a échoué dans l'action en revendication ait acquis séparément la propriété des matériaux avant leur incorporation à la maison, et dès lors, il doit être écouté s'il les réclame en vertu de cette cause spéciale d'acquisition et non pas comme une conséquence du droit de propriété qui avait été dénié par le premier jugement. Nous repoussons également cette explication parce que, dans l'ensemble du texte, il est toujours parlé de *eadem re, idem petere*; rien ne nous avertit d'une modification aussi considérable à la situation respective des parties.

Enfin, dans un quatrième système une correction de texte est indispensable pour faire disparaître la contradiction. Il faut y changer la distribution et la ponctuation : les dernières lignes du *principium*, depuis les mots : *item si quis fundum...*, appartiennent au paragraphe 1, et alors au lieu de donner une décision, elles posent une question.

En maintenant nos observations sur le principe *pars in toto est*, nous croyons que ce dernier système doit être préféré aux autres. Grâce à la modification qu'il propose toute contradiction disparaît..

Si la loi 7 *principium* contient expressément la règle *pars in toto est*, nous ne trouvons aucun texte qui pose la règle inverse : *non in parte totum est*. Faut-il déduire de ce silence que celui qui n'a demandé qu'une partie de son droit peut demander ensuite le tout sans se voir opposer l'exception *rei judicatæ*?

Quelquefois l'affirmation est certaine. Ainsi le légataire de toute l'argenterie qui, ignorant l'étendue de son legs, a d'abord réclamé de l'héritier les tables seules, pourra ensuite réclamer le reste de son legs sans avoir à craindre d'exception, *quod non sit petitum*, dit Pomponius, *quod nec actor petere putasset, nec judex in judicio sensisset* (1).

Il en est de même si le legs de l'argenterie a fait l'objet d'une première instance, et que plus tard on découvre un codicille attribuant à la même personne les vêtements du défunt, car *neque ligatores, neque judex de alio quam de argento actum intelligunt* (2).

D'autres fois on arrive à des solutions contraires. Il est facile de le voir, notamment dans la loi 26 *pr.* h. t. Cette loi dit qu'après avoir réclamé sans succès le droit d'élever ma maison de dix pieds, je ne pourrai pas prétendre avoir le droit de l'élever de vingt pieds, ou de dix autres pieds, sans me voir opposer l'exception *rei judicatæ*, car *cum aliter superior pars jure haberi non possit, quam si inferior quoque jure habentur.* Quoique dans le premier jugement le juge n'ait rejeté qu'une partie de la demande qui lui est actuellement soumise, il a cependant résolu complètement la question qui fait le fond même du litige; en me refusant le droit d'élever ma maison de dix pieds, il a décidé qu'il devait y avoir, là même où je demandais à bâtir, un vide de pareille hauteur. La décision est la même si après avoir échoué dans une demande en payement de cent sesterces, j'en réclame de nouveau deux cents, car en refusant de m'accorder le montant de ma première demande le juge a

(1) L. 20, XLIV, 2.
(2) L. 21, h. t.

déclaré par là qu'il n'existait à mon profit aucune créance quelle qu'elle fût.

Ces décisions, quoique différentes, sont assurément assez raisonnables.

Lorsqu'il s'agit donc d'apprécier les effets en ce qui concerne le tout de la chose jugée relativement à la partie, point de règle absolue : autant d'espèces, autant de solutions.

Après avoir posé les règles principales relativement à la première condition exigée pour que l'exception *rei judicatæ* puisse être opposée et donné des exemples dans lesquels il y a identité de question et des exemples dans lesquels cette identité ne se présente pas, nous allons passer en revue quelques hypothèses, qui peuvent servir de *criterium*, dans lesquelles tantôt il y a identité de question, et, par conséquent, lieu à l'exception, et tantôt non. La première hypothèse est la suivante : Quelqu'un a hypothéqué la même chose à deux personnes à des époques différentes. Le second créancier a agi contre le premier *pignoratitia*, et il a réussi. Puis le premier créancier exerce une action semblable contre le second. Est-ce que l'exception *rei judicatæ* fera obstacle à ce premier créancier? Il faut distinguer : s'il a fait valoir dans la première instance son droit de priorité et que néanmoins il ait été condamné à restituer, l'exception pourra lui être opposée, car en l'obligeant de restituer le juge a jugé que sa priorité n'existait pas. Il y a alors reproduction en justice de la même question. Si, au contraire, le premier créancier a négligé de faire valoir sa priorité, il peut très bien intenter aujourd'hui une action contre le second, car il ne nie pas le droit hypothécaire de son adversaire en prétendant avoir lui-même une hypothèque préférable. Il n'y a pas ici *eadem quæstio* (1).

(1) L. 19, XLIV, 2.

En effet, le premier juge n'a statué que ceci : le second créancier a hypothèque ; mais non que le premier n'en avait pas. Et une hypothèque sur une chose ne fait pas obstacle à une autre hypothèque sur la même chose.

Nous avons supposé dans cette hypothèse deux hypothèques constituées par la même personne qui était propriétaire. Il est évident que si elles ont été constituées par des personnes différentes, celui qui a reçu *a domino* l'emportera. Si aucun des deux constituants n'est propriétaire, on appliquera la règle : *In pari causa melior est causa possidentis.*

Voici deux autres hypothèses très importantes : s'il y a entre vous et moi procès sur l'hérédité, et que je possède certaines choses et vous d'autres, rien n'empêche que la pétition d'hérédité ne soit intentée par moi contre vous et réciproquement. Que si vous l'intentez après qu'un jugement a été prononcé, il importe de savoir si le juge a déclaré que l'hérédité était mienne ou s'il a fait une déclaration contraire. Dans le premier cas l'exception *rei judicatæ* pourra vous être opposée, car par cela seul que l'hérédité a été déclarée mienne, par cela seul elle n'est pas vôtre. — Il y a là *eadem questio.* Mais si, au contraire, il a été déclaré par le juge que l'hérédité n'était pas à moi, rien n'est réputé jugé à votre tour ; en effet l'hérédité peut n'appartenir ni à moi ni à vous. Il n'y a pas alors, comme dans le premier cas, identité de question (1).

Enfin, je revendique un objet contre vous, et je succombe. Puis-je faire une nouvelle demande dans les mêmes conditions ? Oui et non. Mon échec peut tenir à des causes différentes. Si j'ai succombé parce que le juge a déclaré que je ne suis pas propriétaire, il est évident qu'il me sera impossible d'agir à nou-

(1) L. 15, XLIV, 2.

veau. Mais si j'ai succombé uniquement parce que le défendeur ne possédait pas, et s'il vient aujourd'hui à posséder, je puis renouveler mon action sans me voir opposer l'exception *rei judicatæ*. La même décision s'applique aussi dans une pétition d'hérédité : j'ai succombé parce que le défendeur ne possède rien *ex hereditate*; j'agirai de nouveau quand il possédera. Il en est de même dans l'action *ad exhibendum* (1).

En principe, l'identité de cause n'est pas indispensable pour qu'il y ait identité de question, par conséquent admissibilité de l'exception *rei judicatæ*.

Il y a, en cette matière, une distinction à faire entre les actions *in personam* et les actions *in rem*. Dans les premières la différence de cause exclut l'exception; dans les actions *in rem* l'exception s'applique sans qu'on tienne compte de la différence de cause des deux actions. La même personne peut avoir plusieurs créances distinctes ayant pour objet la même chose : une chose, par exemple, m'a été léguée dans un testament, et cette même chose je l'ai stipulée soit du propriétaire soit d'un autre. Au contraire, l'on ne peut pas acquérir la propriété d'une même chose en vertu de deux causes différentes; on ne devient pas deux fois propriétaire (2).

Ce principe est posé par Paul en ces termes : « *Actiones in personam ab actionibus in rem hoc differunt : quod cum eadem res ab eadem mihi debentur, singulas obligationes singulæ causae sequuntur, nec ulla earum alterius petitione vitiatur; at cum in rem ago non expressa causa, ex qua rem meam esse dico, omnes causæ una petitione adprehenduntur : neque enim amplius quam semel res mea esse potest; sæpius autem deberi potest.* » (3).

(1) LL. 17, 18, XLVI, 2.
(2) L. 18, XLIV, 7. L. 30, XLIV, 2.
(3) L. 14, § 2, XLIV, 2.

Il y a divergence entre les interprètes sur la façon de traduire le texte que nous venons de reproduire Nous traduisons les mots : *non expressa causa* par le mot *attendu*; « mais lorsque j'agis *in rem*, attendu que je n'exprime pas la cause sur laquelle se fonde mon droit de propriété, toutes les causes possibles d'acquisitions de la propriété sont comprises dans une seule demande.. »

Ainsi, le jurisconsulte dit que par antithèse à ce qui se passe dans les actions *in personam*, l'usage dans les actions *in rem* est de ne pas préciser la cause de l'acquisition de la propriété ; le demandeur peut prouver qu'il a acquis la propriété par n'importe quelle cause. Mais s'il a succombé après avoir invoqué une cause, il ne peut plus agir en vertu d'une autre. Cette différence entre les actions *in rem* et personnelles se manifeste réellement dans la formule. En effet, la formule ordinaire de l'action *in rem* ne contient pas de *demonstratio*. Donc, comme le dit Paul, on déduit *in judicium* toutes les causes d'acquérir et non pas une cause spéciale.

Certains interprètes traduisent les mots : *non expressa causa* par les mots : *sans exprimer la cause*. « Mais lorsque j'agis *in rem* sans exprimer la cause en vertu de laquelle je me dis propriétaire. » Donc si le demandeur prend la précaution d'indiquer dans la formule la cause en vertu de laquelle il prétend que la chose lui appartient, rien ne l'empêche, s'il succombe dans sa première demande, d'intenter une action nouvelle fondée sur une cause différente. La phrase litigieuse ainsi entendue se trouve peu d'accord avec le texte, dont le but nettement exprimé est une antithèse générale entre les actions réelles et les actions personnelles. Nous pouvons ajouter que notre interprétation est conforme à l'esprit général du droit romain qui veut toujours diminuer le nombre des procès.

Si on nous objectait que notre système peut avoir pour le demandeur des conséquences dures, peut-être même injustes, à cause de l'ignorance d'une véritable cause d'acquisition, nous répondrions que ce mal n'était pas sans remède, lé préteur ayant admis pour les cas de ce genre des *restitutiones in integrum.* La loi 11, *principium*, XLIV, 2, nous offre un exemple : « *Si mater filii impuberis defuncti ex senatusconsulto bona vindicaverit idcirco, quia putabat rupto patris ejus testamento neminem esse substitutum, victaque fuerit, quia testamentum patris ruptum non erat, postea autem apertis pupillaribus tabulis apparuit non esse ei substitutum : si peteret rursus hereditatem, obstaturum exceptionem rei judicatæ Neratius ait. Ego exceptionem obesse ei rei judicatæ non dubito : sed ex causa succurrendum erit ei, quæ unam (tantum) causam egit rupti testamenti.* » Ainsi Ulpien nous dit que la seconde action de la mère doit être repoussée parce que la première étant une action réelle contenait implicitement toutes les causes sur lesquelles la demande pourrait être basée ; mais il pense qu'on ne doit pas appliquer ce principe dans toute sa rigueur, et qu'il y a lieu de restituer la mère contre l'exception *rei judicatæ.*

Toutefois nous trouvons un cas dans lequel la différence d'origine exclut l'application de l'exception *rei judicatæ.*

Cela arrive lorsque la nouvelle cause que l'on invoque est postérieure au premier procès. Il est évident que dans ce cas la *causa superveniens*, n'ayant pas existé lors du premier litige, ne pouvait pas faire l'objet de l'examen du juge. C'est ce que nous dit Ulpien : « Si j'ai revendiqué un fonds ou un esclave, et que plus tard, après la *litis contestatio*, une cause nouvelle — le propriétaire m'a par exemple légué sa chose — soit venue me faire acquérir la propriété, *non me repellet ita exceptio.* » Ulpien apporte à la décision un tempérament : « *nisi*, dit-il, *forte intermissum dominium (in) medio tempore rediit quodam postliminio. Quod enim, si homo, quem petieram, ab hostibus fuerit captus, mox postliminio receptus? hic exceptione summovebor : quia eodem res esse intelligitur* » (1). Le jurisconsulte cite ensuite un autre exemple : « si l'on suppose qu'une chose m'a été léguée sous condition et que, *pendente conditione*, la propriété m'ait été acquise et que j'aie revendiqué, puis qu'ensuite la condition se réalise et que je revendique de nouveau l'exception n'est pas opposable, car aujourd'hui j'allègue une cause nouvelle. » Cela est logique. Ajoutons que le changement qui s'opère dans la pensée du demandeur ne fait pas qu'il y ait *causa nova*, c'est-à-dire qu'on ne tient compte d'aucune erreur, par exemple : le demandeur croyait avoir la propriété à titre d'héritier et il a changé d'idée, et commence à croire qu'il est propriétaire comme donataire ; ceci ne fait pas que la demande soit nouvelle. En effet, de quelque manière et par qui la propriété lui eût été acquise, dans sa première revendication il a déduit son droit *in judicium* (2).

Nous allons nous occuper maintenant de l'autre élément constitutif de l'exception *rei judicatæ* : l'identité de parties.

Section II

De l'identité de parties.

La chose jugée ne peut produire d'exception que lorsque la même question se présente entre les mêmes parties.

(1) L. 11, § 4, XLIV, 2.
(2) L. 11, § 5, h. t.

« Si l'axiome qui attribue au jugement force de faire droit était une vérité absolue, la chose jugée qui statue sur un droit absolu et existant vis à vis de tous, devrait avoir son autorité à l'égard de tous; celle relative à un droit qui n'existe qu'à l'égard de certaines personnes déterminées ne saurait agir qu'à l'égard de ces personnes. Cette conclusion s'applique rigoureusement aux jugements criminels. Mais le bon sens ne saurait l'admettre dans les procès civils. Déclarer obligatoire pour tous une sentence obtenue sur l'initiative de deux particuliers, ce serait imposer à l'universalité des citoyens un droit à la confection duquel ils n'ont point concouru, et léser éventuellement des intérêts qui n'ont pu se défendre » (1).

Voici comment M. Accarias fait ressortir, à son tour, toute la portée de cette condition : « Soit, par exemple deux héritiers, qui, à ce titre et en vertu de la même cause, agissent successivement contre la même personne. Si l'on veut, ils revendiquent chacun leur part d'un objet qu'ils disent avoir appartenu au défunt. Evidemment tous les deux ont tort, ou tous les deux ont raison. Cependant ce qui sera jugé à l'égard de l'un ne sera pas réputé jugé à l'égard de l'autre. La qualité de propriétaire pourra être reconnue à celui-ci, non à celui-là.

Sans doute une telle contradiction accuse hautement l'erreur de l'un des juges. Mais en fait, les deux jugements peuvent sans difficulté s'exécuter l'un et l'autre, et, si bizarre que soit le résultat, la raison veut qu'on l'accepte ; autrement il faudrait choisir entre deux iniquités : ou relever l'un des cohéritiers de son échec ou enlever à l'autre le bénéfice de son succès » (2).

Cette règle se trouve plusieurs fois formulée dans les textes :

(1) Mainz, *Cours de droit romain*, I, § 69, p. 583.

(2) Accarias, *op. cit.* II, n° 906; L. 63, XLII. 1 ; LL. 22 et 29 pr. XLIV, 2.

« *Res inter alios judicatas, aliis non præjudicare* » (1) ; « *Res inter alios judicatæ, neque emolumentum affere his, qui judicio non interfuerunt, neque præjudicium solent irrogare* » (2). C'est l'application faite aux jugements de la maxime reçue en matière de conventions : *Res inter alios acta aliis nec nocet nec prodest.*

Le point exécutif à ce sujet c'est que l'identité de parties ne se confond pas avec l'identité de personnes physiques. Aussi Paul présente-t il comme condition nécessaire de l'exception *rei judicatæ* : *eadem conditio personarum* (3). En effet il est possible que dans le deuxième procès figurent les mêmes personnes physiques qui ont figuré dans le premier et sans qu'il y ait identité de parties. Julien nous en fournit un exemple : « *Si te negotiis meis obtuleris, et fundum nomine meo petieris : deinde ego hanc petitionem tuam ratam non habuero, sed mandavero tibi, ut ex integro eumdem fundum peteres, exceptio rei judicatæ non obstabit : alia enim res facta est, interveniente mandatu* (4). » Ainsi l'exception est refusée parce que l'intervention du mandat fait qu'il n'y a pas *eadem res*. Et il n'y a pas *eadem res* parce que le *dominus litis* a le droit de refuser la ratification, et s'il plaide, l'exception ne pourra lui être opposée, car le gérant n'était autorisée ni par la loi ni par lui d'agir. Nous en aurons un autre exemple si nous supposons deux frères dont l'un est sous la tutelle de l'autre, et qui ont recueilli la succession de leur père. Le tuteur agit en son nom pour obtenir le payement de sa part dans une créance héréditaire. Cela ne l'empêchera pas d'agir plus tard au nom de son pupille relativement à l'autre partie de la créance.

(1) L. 63, XLII, 1.
(2) C. L. 2, VII, 56.
(3) L. 14, *pr.* XLIV, 2.
(4) L. 25, § 2, h. t.

En sens inverse, il peut se faire que les personnes qui agissent dans le second procès ne soient pas physiquement les mêmes que celles qui ont agi dans le premier, et que cependant il y ait identité de parties. Cela arrive dans deux ordres d'hypothèses : 1° lorsqu'une personne a été représentée par un mandataire ou simple gérant; 2° lorsqu'il s'agit de l'ayant-cause de celui qui a été partie dans une instance. Ainsi, d'une façon générale il y a identité de parties toutes les fois qu'elles peuvent être considérées comme ayant été représentées dans la première instance. Etudions séparément ces deux hypothèses.

I. Une personne peut plaider en qualité de demandeur ou de défendeur, *alieno nomine*. Elle épuise alors le droit du *dominus*. La demande ultérieure qui serait formée par celui-ci ou contre lui échouerait devant l'exception *rei judicatæ*. Comme exemple de personnes qui peuvent agir ainsi pour d'autres, Ulpien nous cite : le *procurator* muni d'un mandat, le tuteur, le curateur d'un fou et le représentant d'un municipe, du côté du demandeur; et du côté du défendeur même le *defensor* (1).

Ulpien ne mentionne pas les curateurs des prodigues et des mineurs de 25 ans. Faut-il tirer de ce silence la conséquence qu'une demande ultérieure qui serait formée par le prodigue ou par le mineur n'échouerait pas devant l'exception *rei judicatæ* ? Il n'y a aucun motif pour répondre affirmativement; la règle est la même pour tous les représentants. On peut s'expliquer le silence du jurisconsulte en se rappelant qu'en fait les prodigues et les mineurs de 25 ans intentaient eux-mêmes les actions après avoir obtenu le *consensus* du curateur. C'est pour cela qu'il ne parle que des personnes les plus communes. Nous dirons donc que toute personne agissant au nom d'autrui, en

(1) L. 11, § 7, XLIV, 2.

qualité de mandataire légal ou conventionnel, déduit le droit en justice. Quant aux *negotiores gestorum*, ils laissent intact le droit litigieux, et le *dominus litis* a toute liberté de ne pas ratifier le résultat du procès et de renouveler l'action ; mais si le gérant agit comme défendeur, il épuise le droit litigieux ; cette distinction tient à ce que le fait d'un tiers suffit pour nous libérer, non pour nous ôter un droit.

Mais il n'en fut pas toujours ainsi. Dans le droit primitif la représentation judiciaire n'était pas admise, sauf quelques exceptions où elle était tout à fait indispensable : *Nemo alieno nomine lege agere potest*. Ou l'on plaidait soi-même, ou l'on ne plaidait pas ; règle absolue et rigoureuse, bien en rapport avec le système des actions de la loi.

II. — Etudions le deuxième ordre d'hypothèses, beaucoup plus délicates, où il arrive que l'on considère comme ayant été partie au procès des individus qui n'y ont pas figuré en personne.

Les héritiers et autres successeurs universels sont censés avoir été représentés par leur auteur, car ils succèdent à tous ses droits, à toutes ses obligations. Peu importe que les héritiers soient testamentaires ou légitimes, qu'ils acceptent purement et simplement ou sous bénéfice d'inventaire ; ils n'en sont pas moins les continuateurs de la personne du défunt ; seulement, en cas de bénéfice d'inventaire, ils ne seront tenus à l'exécution des jugements que dans la limite de leur émolument.

Mais en est-il de même des ayant cause à titre particulier ? Précisons la question : Lorsque, par exemple, j'aliène en tout ou en partie le droit que je prétends avoir, ou même qui m'appartient réellement, le jugement intervenu sur ce droit entre un tiers et moi doit-il profiter ou nuire à mon acquéreur ? Nous répondrons en posant le principe suivant : Le jugement n'est pas opposable à l'ayant-cause à titre particulier lorsque l'acquisition du droit a eu lieu avant le procès ; si, au contraire, cette acquisition est postérieure au procès, le jugement produira à son égard les mêmes effets qu'à l'égard de son auteur.

Ce principe peut se justifier assez facilement.

En effet celui qui avait déjà transmis son droit de propriété à un autre n'a aucun titre pour compromettre judiciairement une chose qui ne lui appartient plus, un droit dont il s'est dépouillé. Il n'en peut ni augmenter, ni diminuer la valeur.

Au contraire, quoique n'ayant pas figuré personnellement au procès, les ayant-cause qui ont acquis des droits sur la chose litigieuse depuis le procès sont censés avoir été représentés par leur auteur, car *nemo ad alium transferre potest quam ipse haberet* (1). Succédant à ses droits, ils sont tenus de respecter, en même temps, les charges qui grèvent le bien acquis : celles qui résultent d'un jugement tout aussi bien que celles qui ont été consenties par une convention. De nombreux textes font l'application de ce principe. Ainsi la loi 2, § 3, XLIV, 2. Vous et moi, nous sommes héritiers de Titius ; vous revendiquez contre Sempronius une portion d'un fonds que vous prétendez être compris tout entier dans l'hérédité, et vous échouez. Plus tard j'achète à Sempronius cette même portion, et vous intentez contre moi l'action *familiæ erciscundæ* pour que le champ tout entier soit partagé entre nous. Vous serez repoussé par l'exception *rei judicatæ* que je pourrai invoquer du chef de mon auteur.

De même la loi 2, § 9, *De exc. rei jud.* : Si j'ai eu procès avec mon voisin pour des ouvrages destinés à la conduite des eaux pluviales, la décision du juge aura autorité pour ou contre

(1) L. 54. *De reg. jur.* L. 28, XLIV, 2 ; L. 177 *De reg. juris.*

l'acheteur de mon fonds ou de celui de mon voisin, mais seulement pour les ouvrages existants au moment de l'instance.

Dans la loi 9 § 2 nous trouvons l'hypothèse inverse : Le premier procès est soutenu par le successeur, et la même question est ensuite agitée entre le même tiers et l'auteur.

Ainsi un bien compris dans une succession a été vendu par vous; je le revendique contre votre acheteur, et je triomphe. L'exception ne vous sera pas opposable, parce que le vendeur ne saurait être considéré comme l'ayant-cause de son acheteur.

Notre principe est toujours applicable, qu'il s'agisse de la pleine propriété ou de tout autre droit réel.

La distinction qu'il établit et formellement posée, en ce qui concerne l'hypothèque, dans la loi 11, § 10, *De exc. rei jud.* : *Item si rem quam a te petierat, Titius pignori Seio dederit, deinde Seius pignoratitia adversus te utatur : distinguendum erit, quando pignori dedit Titius; et si quidem antequam peteret, non oportet ei nocere exceptionem : nam et ille petere debuit, et ego salvam habere debeo pignoratitiam actionem; sed si posteaquam petit, pignori dedit, magis est, ut noceat exceptio rei judicatæ.* »

Ainsi, ce texte distingue si l'hypothèque a été constituée avant ou après la demande en revendication du constituant. Dans le premier cas l'action *pignoratitia* doit être accueillie parce que le créancier n'a pu être représenté par Titius. Cela peut s'expliquer aussi par cette considération que du jour de la constitution d'hypothèque il se trouve dans une situation indépendante du propriétaire; tout droit réel est indépendant du fait d'autrui. Dans le deuxième cas, le droit du créancier n'ayant pris naissance que postérieurement à la demande du constituant, il a été représenté par ce dernier dans la première instance ; l'exception *rei judicatæ* lui sera donc opposée ; cette décision est raisonnable : il a accepté hypothèque sur une chose contestée, et *nemo ad alium plus juris transferre potest quam ipse haberet* (1).

Nous ferons remarquer que dans la loi que nous venons de reproduire le jurisconsulte traite l'hypothèque constituée dans l'époque intermédiaire entre la demande et la sentence comme si elle l'avait été après la sentence. Cette manière de voir est conforme à l'esprit général du droit romain concernant la *litis contestatio*. Un délai même très long entre la demande et la sentence n'empêchera pas les parties d'être dans la même situation.

Il ne suffit pas que l'hypothèque soit constituée avant l'action en revendication du propriétaire pour que le créancier triomphe ; il doit de plus prouver qu'au moment de la convention le constituant était propriétaire. Et il fera cette preuve après qu'il aura établi qu'il y a eu convention d'hypothèque ou qu'il existe une hypothèque légale à son profit Ces décisions se trouvent dans un texte de Papinien : « *Si superatus sit debitor, qui rem suam vindicabat, quod suam non probat : acque servanda erit creditori actio serviana, probanti res in bonis ex tempore, quo pignus contrahebatur, illius fuisse* » (2). On voit que Pomponius emploie l'expression *actio serviana* et non *pignoratitia*. C'est peu exact, car par *actio serviana* on entend l'action hypothécaire dans le cas d'un bien rural pour la garantie du fermage.

Dans la phrase suivante du même paragraphe, Papinien change d'espèce. La question pour lui maintenant est de savoir si la chose jugée contre le *petitor hereditatis* le sera aussi contre le créancier du gage : « *Sed et si victus sit debitor vindicans hereditatem, judex actionis servianæ, neglecta de hereditate dicta sententia, pignoris causam inspicere debebit.* » Le juge sans

(1) L. 54. L. 17.
(2) L. 3 *pr.* XX, 1.

tenir compte de la sentence touchant l'hérédité devra donc examiner la valeur de l'hypothèque (*causam*), c'est-à-dire les conditions dans lesquelles la chose a été hypothéquée. En effet l'hypothèque a pu être constituée par le défunt. Enfin Papinien ajoute : « *atquin aliud in legatis et libertatibus dictum est : cum secundum eum qui legitimam hereditatem vindicabat sententia dicta est.* » Ainsi supposons un testament inofficieux, qui donne lieu à la *querela inofficiosi testamenti.* Si le *querelans* réussit à établir sa demande l'institué doit tout rendre ; en outre tous les legs et tous les affranchissements s'évanouissent de plein droit, par application du principe arbitraire : *Institutio hæredis veluti caput atque fundamentum est totius testamenti.*

Les Romains en obéissant ainsi à ce principe dérogent à un autre principe beaucoup plus rationnel, celui qui restrient aux parties l'autorité de la chose jugée. Papinien motive cette dérogation de la façon suivante : « *Sed creditor non bene legatariis per omnia comparatur : cum legata quidem aliter valere non possunt, quam si testamentum ratum esse constaret : enim vero fieri potest, ut et pignus recte sit acceptum, nec tamen ab eo lis bene instituta* » (1). Le dernier motif qu'il donne n'est pas bien fort. Ne peut-on pas dire aussi que, peut-être, l'institué a mal plaidé ? La meilleure raison est celle que nous donnions plus haut, à savoir qu'un droit réel est indépendant de tout. Ajoutons, en terminant, qu'à partir de la novelle 115 la *querela* ne faisait plus tomber que l'institution, sans porter la moindre atteinte ni aux legs ni aux autres dispositions contenues dans le testament.

Maintenant que nous avons posé notre principe en l'appuyant sur des textes, il nous reste à dire qu'il n'est pas sans comporter certaines restrictions : il y a un cas où les créanciers hypo-

(1) Loi précitée.

thécaires sont représentés par leur débiteur dans une instance postérieure à la naissance de leurs droits. C'est lorsque le créancier, avisé par le débiteur de l'existence d'un procès sur la propriété de la chose hypothéquée, n'est pas intervenu. L'exception *rei judicatæ* lui sera alors opposée (1).

La restriction que nous mentionnons s'explique donc par la faculté qu'il avait de surveiller la marche et l'issue du procès et, si besoin était, d'appeler (2) ; restant inactif, il donne par là en quelque sorte au constituant mandat tacite de le représenter.

La décision est la même à l'égard d'un acquéreur qui laisse plaider son auteur ; il pouvait plaider lui-même (3).

Enfin, mentionnons les créanciers chirographaires. Ils sont toujours considérés comme les ayant-cause du débiteur, et subissent les conséquences des jugements prononcés pour ou contre lui : mais il faut pour cela que le débiteur n'ait pas agi frauduleusement. Lorsqu'il y a fraude les créanciers peuvent attaquer le jugement et le faire annuler, quant à eux, par l'action paulienne. Sur ce point, il n'y a pas de difficulté.

En résumé, voici ceux qui n'ayant pas figuré en personne sont néanmoins réputés avoir été parties au procès : 1° Ceux qui ont été représentés par un mandataire légal ou conventionnel ; 2° Ceux qui ont été représentés comme défendeurs par un gérant d'affaires ; 3° Les héritiers ou successeurs universels ; 4° Les successeurs particuliers qui ont acquis des droits sur la chose litigieuse depuis le procès ; 5° Enfin, les créanciers chirographaires.

Dans toutes ces hypothèses on rencontre l'idée de représentation. Dès qu'elle manque, l'exception *rei judicatæ* n'est pas pos-

(1) L. 29, § 1, XLIV, 2.
(2) L. 4, §§ 2 et 4, XLIX, 1.
(3) L. 63, XLII, 1.

sible. Donc, ni la communauté, ni même l'identité d'intérêt ne suffisent pas pour créer une identité juridique de parties. De nombreux textes le prouvent : en voici un de Paul : « *Si cum uno herede, depositum actum sit, tamen et cum cœteris heredibus recte agetur, nec exceptio rei judicatæ eis proderit : nam et si eadem quæstio in omnibus judiciis vertitur, tamen personarum mutatio cum quibus singulis suo nomine agitur, aliam atque aliam rem facit.* » (1). Ainsi, comme nous le disions aussi plus haut, une instance soutenue par ou contre l'un des cohéritiers ne rend pas l'exception *rei judicatæ* opposable pour ou contre les autres cohéritiers. En effet, chaque cohéritier a un droit distinct provenant du fractionnement du droit unique qui existait en la personne du *de cujus* et que chacun est libre de défendre comme il l'entend.

Cependant les jurisconsultes romains ont admis quelques exceptions à la règle que la chose jugée n'a d'effet que pour les parties en cause. La première exception se rencontre lorsqu'une question de liberté est en jeu. Ainsi deux héritiers institués dans un testament sont chargés par fidéicommis d'affranchir un esclave. Celui-ci agit contre l'un deux pour faire reconnaître l'obligation de l'affranchir et triomphe. Avant l'affranchissement l'autre héritier le revendique. A cause de la faveur due à la liberté l'exception *rei judicatæ* fera obstacle à la revendication, et il n'aura droit qu'à une indemnité. Et pourtant le second héritier n'a pas été partie au procès (2).

Dans cette hypothèse on fait fléchir l'effet relatif attaché aux jugements pour cause d'impossibilité d'exécution partielle, la raison se refusant à admettre qu'un homme pût à la fois être libre et esclave.

(1) L. 22, XLIV, 2; L. 15, § 2, V, 2; L. 63. XLII, 1
(2) L. 29 pr XLIV, 2.

Il sera de même chaque fois qu'il s'agira d'une action ayant pour objet un droit indivisible, comme une servitude. La chose jugée pour ou contre l'un des propriétaires produit son effet à l'égard de tous les autres (1).

Une autre exception à la règle se rencontre dans les actions relatives à l'état des personnes : 1° Lorsqu'il y a procès sur la légitimité d'un enfant et sur la puissance paternelle qui s'y rattache : le jugement rendu contre le père a l'autorité de chose jugée pour les autres membres de la famille (2) ; 2° Lorsque la question en litige porte sur l'état d'ingénu ou d'affranchi: le jugement qui déclare le défendeur né libre ou affranchi a l'autorité de la chose jugée même vis-à-vis des tiers, par exemple en ce qui concerne la capacité de recueillir une succession, le droit d'entrer au sénat etc.(3). Il est facile de motiver cette autre dérogation à la règle générale. On n'a qu'à songer pour cela à la faveur qui doit nécessairement s'attacher à la légitimité des enfants et à la liberté.

Nous rappelons aussi la dérogation qui se trouve en matière de testament, dont nous avons déjà parlé : le jugement rendu contre l'héritier institué peut être opposé même aux légataires et aux affranchis (4).

Il nous reste à nous occuper d'un autre ordre d'hypothèses, dans lesquelles des personnes qui sont restées en dehors de l'instance auront à subir aussi, dans une certaine mesure, les conséquences de la chose jugée. Dans cette catégorie nous plaçons les fidéjusseurs : ils peuvent invoquer le jugement qui, sur la défense du débiteur principal, a déclaré la dette éteinte

(1) L. 4, §§ 3 et 4, VIII, 5.
(2) L. 1, § 16; LL. 2, 3 pr. XXV, 3.
(3) L. 25, I, 5; L. 27, § 1, XL, 12.
(4) L. 17, § 1, V, 2.

ou inexistante. Décider autrement ce serait priver le débiteur principal des bénéfices du jugement, puisque le fidéjusseur condamné pourrait se retourner contre lui. (1)

Mais si, au contraire, le jugement a été rendu contre le débiteur principal, nous pensons qu'il ne lie pas les fidéjusseurs. En effet la fidéjussion suppose avant tout une obligation valable ; les causes d'extinction et de nullité de l'obligation principale deviennent donc aussi des causes d'extinction et de nullité du cautionnement ; par conséquent la caution peut les opposer en son propre nom et non pas seulement du chef du débiteur principal.

Il en sera de même pour les débiteurs corréaux ; le jugement qui reconnaît l'inexistence ou l'extinction de la dette leur profite à tous, car le jugement peut bien être considéré comme équivalent au paiement.

Nous pouvons, au besoin, invoquer, par analogie, la loi 28, D., § 1 *De jure jurando* (XII, 2), qui dit que le serment de l'un des débiteurs profite aux autres.

Lorsque le jugement rendu envers un des débiteurs corréaux est un jugement de condamnation, notre décision n'est plus la même. Il nous semble que les exceptions réelles qui leur compétent contre la dette commune doivent appartenir individuellement à chacun d'eux, comme autant de moyens de faire tomber son engagement personnel. Ce qui nous conduit à penser ainsi c'est le caractère de l'obligation corréale. Celle-ci, tout en étant unique dans son objet, est multiple subjectivement, chaque débiteur est lié par une obligation individuelle qui peut même différer de celle des autres dans certaines de ses modalités.

Rappelons que ces questions ne pouvaient se présenter dans le droit classique à cause de l'épuisement du droit déduit en justice.

(1) L. 42, § 3, XII, 2.

Quant aux débiteurs solidaires il est incontestable qu'on ne saurait reconnaître aux jugements rendus pour ou contre les uns, l'autorité de la chose jugée vis-à-vis des autres ; chaque débiteur est tenu d'une obligation spéciale et d'une manière absolument distincte. Abstraction faite de la communauté d'objet, ces obligations n'ont rien de commun.

DROIT DES GENS

DES TRAITÉS INTERNATIONAUX

INTRODUCTION

L'homme, dit Platon, est un animal sociable. Cette définition nous paraît tellement vraie aujourd'hui que nous ne pouvons pas concevoir l'homme dans un état primitif d'isolement et que nous faisons remonter aussi loin que son apparition dans l'échelle des êtres, la formation des groupes naturels, des sociétés fondées sur la consanguinité. Nous refusons d'admettre l'homme sans la famille puisque dès l'origine la constitution naturelle de ce groupe et la protection que les membres forts du groupe durent étendre sur les membres faibles, devinrent la condition même de la conservation de l'espèce. Le souvenir des origines communes et les nécessités matérielles de l'existence étendirent le cercle de la famille primitive ; elle devint le clan, la phratrie, la gens.

A mesure que la vie se développe dans ces groupes, ses besoins augmentèrent ; ils devinrent impuissants à les satisfaire dans leur cercle étroit et cherchèrent à s'unir entre eux. De cette réunion des groupes naturels naquit le premier groupe social, la tribu. C'est par suite des mêmes sentiments que se fit la réunion des tribus ayant entre elles une certaine affinité de races une analogie de dialecte, une relative unité de croyance.

L'État se trouva ainsi formé ; et comme le même phénomène se reproduisit un peu partout, un peu partout aussi on rencontra des États. Chacun régla à l'intérieur comme il l'entendit les relations des hommes le composant, et l'on s'occupa le moins possible des autres tant qu'on peut se satisfaire sur son propre sol ; lorsque cela devint impossible ou simplement moins facile, les hommes d'un même État songèrent à se procurer chez leurs voisins ce qui leur manquait chez eux. Les voisins durent résister et opposer la force à la force ; il fallut se battre, faire la guerre. Les peuples entrèrent alors en relation ; ils se massacrèrent et prirent chacun leurs dieux à témoin de la mauvaise foi et de l'injustice de leurs ennemis qui ne voulaient point se laisser spolier : chaque peuple pria ses dieux de venir l'aider dans la guerre qu'il entreprenait, et pour être plus sûr de leur protection il les emporta avec lui en campagne. Il n'est pas besoin de remonter jusqu'au vieil Homere pour voir des armées emporter leurs dieux avec elles et croire que leurs dieux mêmes combattaient dans la mêlée ; il suffit de lire Tite-Live ; les soldats défendaient les dieux et ceux ci protégeaient les soldats au milieu du combat. La guerre était sans pitié ; le sentiment religieux la rendait implacable ; on était agréable aux dieux en égorgeant les prisonniers et en achevant les blessés. Pour les vaincus il n'y avait pas de droit, et aucune promesse n'était valable tant qu'elle n'avait pas le caractère d'un serment fait aux dieux de la patrie.

Tout le droit des gens de la citée antique est dans l'anecdote suivante : On demandait à Agésilas s'il trouvait juste l'acte de félonie de Phébidas, qui, en pleine paix, par surprise, s'était emparé de la citadelle de Thèbes : « Examinez seulement, répondit le spartiate si elle est utile, car dès qu'une action est utile à la patrie, il est beau de la faire » (1). Tout le mal qu'on pouvait faire aux ennemis, pensait un autre grec, était toujours juste aux yeux des dieux et des hommes.

Si la fatigue de la guerre vient avant l'extermination complète d'un des ennemis, on convient à traiter; et le traité est un acte religieux ; chacun prend à témoin ses dieux qu'il respectera la convention faite avec les ennemis. On procède au sacrifice en dévouant aux dieux celui qui manquera à son serment pour qu'il soit frappé comme la victime du sacrifice.

Sous cette forme primitive, les nécessités de l'existence d'un peuple firent conclure un grand nombre de traités dont la plupart avaient pour objet l'alliance des peuples contre des ennemis communs. (2)

(1) Fustel de Coulanges, *La cité antique*, p. 433.

(2) Parmi les peuples anciens, les Grecs ont plus que les autres connu l'usage des traités publics dont les objets étaient très variés. On peut distinguer chez eux les pactes suivants :

a. — *Le pacte fédéral* qui unissait plusieurs peuples de même race, ayant des mœurs et des institutions analogues. Il établissait le plus souvent une égalité civile entre tous ceux qui l'ont conclu ; il s'appelait alors ἰσοπολιτεία. Le *pactus* des Latins ne consacrait pas une égalité aussi parfaite : il était presque toujours *iniquum*.

b. — *Le pacte colonial* qui déterminait les rapports de la colonie avec la métropole.

c. — *L'arrangement ou le traité de pacification* (διάλυσις), conclu à la suite de troubles civils et accompagné d'une proclamation d'amnistie.

d. — *L'alliance pacifique* (σύμβολον ou συμβολή) qui réglait les relations de commerce ou l'organisation de tribunaux neutres entre les peuples.

e. — *L'alliance militaire* (επιμαχία).

f. — *L'alliance conclue en vue de la guerre et de la paix.*

g. — *Le traité de neutralité*, auquel s'attache par quelque analogie la trêve qui suspendait toute hostilité entre les peuples de race hellénique pendant la célébration de leurs fêtes nationales et religieuses.

h. — Le traité de paix proprement dit (εἰρηνη).

i. — Le traité rectificatif d'un autre traité (επανόρθωσις τῆς εἰρήνης).

A Rome, pas plus que dans la Grèce, le droit des gens n'eut ce caractère de bonne foi qui est la meilleure garantie des traités et qui est pour ainsi dire la base du droit international. D'ailleurs pour elle, comme pour tous les peuples de l'antiquité, le droit des gens n'existait que pour les peuples avec lesquels elle avait passé un traité d'hospitalité et d'alliance. En dehors de ce cercle, il n'y avait plus de droit, sauf celui du plus fort. La garde des relations avec les alliés était confiée à un collège sacerdotal spécial, dit collège des féciaux, chargé d'accomplir toutes les formalités religieuses nécessaires à la conclusion des traités.

Un des plus anciens et des plus curieux monuments de droit international qui nous soit parvenu est le traité conclu entre Rome et Carthage après l'expulsion des rois, et dont le texte se trouve traduit dans Polybe. Il est curieux à citer à cause de sa briéveté archaïque, réglant en quelques lignes de nombreux et graves intérêts :

« Qu'il y ait amitié, aux conditions suivantes, entre les Romains et leurs alliés (d'une part), et (de l'autre) les Carthaginois et leurs alliés. Les Romains ne navigueront pas au delà du promontoire Kalon, à moins d'y être contraints par la tempête ou par l'ennemi. Si quelqu'un d'eux est forcé de franchir cette limite, il ne pourra ni rien vendre, ni rien acheter, si ce n'est pour la réparation des navires ou pour le culte des dieux, et il devra, dans les cinq jours, quitter ces parages. Quant à ceux qui viendront pour le négoce, ils ne feront rien que devant un

j. — *La sentence arbitrale* que prononçaient des juges choisis dans un état neutre par deux Etats en rivalité d'intérêts.

(Egger, *Etude historique sur les traités publics chez les Grecs et chez les Romains depuis les temps les plus reculés jusqu'aux premiers siècles de l'ère chrétienne*, p. 9 et suiv.).

héros ou un scribe. Tout ce qui aura été vendu en présence de ces magistrats, soit en Libye, soit en Sardaigne, le prix en sera dû au vendeur sous la garantie publique. Si un Romain vient de Sicile, dans la partie occupée par les Carthaginois, il y jouira d'une pleine égalité de droits. Les Carthaginois ne feront aucun tort aux habitants d'Ardéa, d'Antium, de Laurente, de Circei, de Tarracine, à aucun des peuples latins soumis à l'autorité de Rome. Sur les autres territoires, ils ne prendront aucune ville, ou s'ils en ont pris une, ils la rendront intacte. Ils ne construiront pas de place forte sur le territoire des Latins ; s'ils y entrent comme ennemis, ils n'y passeront pas la nuit (c'est-à-dire ils n'y resteront pas plus d'un jour (1). »

En dehors des traités relatifs à la guerre et à la paix, Rome en conclut d'autres, concernant des objets déterminés. Tite-Live parle de trois sortes de conventions en usages chez les Romains :

1° *Les traités d'amitié et d'hospitalité*, par lesquels Rome s'attribuait le protectorat sur les peuples amis et se fournissait l'occasion d'intervenir dans leurs affaires ; c'était déjà le premier degré de l'assujettissement.

2° *Les traités d'alliance,* dont les dispositions variaient beaucoup avec les circonstances dans lesquelles se trouvait Rome. Le plus souvent ils consacraient la dépendance des peuples alliés.

3° *Les conventions faites avec les vaincus*, ou plutôt les lois qu'on leur imposait, *quum bello victis dicerunt leges,* non pas par l'idée qu'un droit quelconque pouvait appartenir à des vaincus, mais par des raisons politiques dont la grande cité savait subir la nécessité. Au fond, c'était là une véritable vente, le peuple vaincu se remettait, lui et ses biens, entre les mains du

(1) Egger, *op. cit*, p. 31 et 32.

peuple romain : *se suaque omnia fidei populi romani permittere* (1).

Tous ces traités étaient passés avec une infinité de formalités minutieuses dont la moindre violation faisait obstacle à la validité du traité et permettait de le considérer comme inexistant à l'occasion. Les Romains avient d'ailleurs établi une distinction entre les traités (*fœdera*), c'est-à-dire les conventions faites avec toutes les formalités prescrites par la religion, et les promesses (*sponsiones*) faites par les consuls ou les autres représentants de la République sous réserve d'approbation des comices. Lorsque le consul s'était lié d'un mauvais pas, par ce subterfuge, il suffisait de le désavouer, et la conscience romaine était en règle avec les dieux. On trouvait toujours bien un moyen pour justifier devant les dieux, de facile composition, le manquement à la parole donnée et la violation du traité. Aussi, en dehors de la ville, la foi Romaine était estimée un peu moins que la foi Punique ne l'était à Rome, et c'était justice.

L'idée du droit des gens, tel que nous la comprenons, fut absolument étrangère à l'antiquité. Sous l'Empire, le droit international ne pouvait ni naître ni progresser, puisque l'Empire était tout et qu'en dehors de lui il n'y avait que des barbares avec lesquels on était en état d'hostilite permanente. Néanmoins les mœurs s'adoucirent, et si l'idée de régler à l'amiable les différends entre nations ne fit pas de progrès, si l'idée du traité international perdit le peu de terrain qu'elle avait jamais conquis, la marche de la civilisation impériale dans le monde romain produisit cependant un état d'esprit dont l'humanité profita et qui prépara à travers les siècles l'éclosion du droit des gens.

(1) Tite-Live, 36,28; 45. 4. César, *Bell, gall.* 2, 3.

Pendant toute la première partie du moyen-âge, en dehors du rôle actif de la papauté en vue du triomphe de ses prétentions dominatrices, il n'y eut que désordre et irrégularité. Ce ne fut que peu à peu que les nations se sentirent prises du besoin de consacrer leurs relations et de régler certains rapports, sinon politiques au moins commerciaux. Ce fut ainsi par la voie du commerce que le droit des gens fit son apparition dans le monde nouveau. Au XIVe siècle on réunit dans une espèce de code, connue sous le nom de « *Consulat de la mer* » les règles coutumières que d'un commun et tacite accord observaient les marins des différents pays européens. Le Consulat de la mer ne contenait pas seulement des règles relatives aux litiges commerciaux et à la navigation en temps de paix et en temps de guerre, mais il exposait aussi les maximes et les principes les plus importants qui furent reconnus à cette époque quant aux droits respectifs des nations belligérantes et des neutres (1).

En dehors de là, les États européens, moins la Turquie et la Russie, ont quelques idées communes et un certain nombre de principes généraux qui dirigent leur politique et qui sont l'unique base du droit international de l'époque. Tout repose sur les deux principes sociaux du moment : la féodalité et le christianisme. Mais ce droit a une limite naturelle qui est celle de la foi ; pour un chrétien du moyen-âge tout ce qui n'est pas chrétien est en dehors du droit. Il ne saurait y avoir de droit des gens pour les hérétiques et les païens ; avec ces mécréants on ne saurait discuter qu'à coups d'épée. On ne doit pas faire la paix avec eux ; tout au plus, peut-on conclure une trêve. En combinant les deux principes, chrétien et féodal, on voit que la notion du droit peut se résumer ainsi au moyen-âge : solidarité des peu-

(1) Wheaton, *Histoire des progrès du droit des gens*, I, p. 71 et suiv.

ples chrétiens et droit héréditaire du souverain sur les terres qui lui sont transmises ; ce droit héréditaire est supérieur à tout principe humain et l'on en déduira la théorie du droit divin que l'on formulera plus tard.

Mais au xve et au xvie siècle ces bases du droit des gens du moyen-âge furent ébranlées par une double révolution, religieuse et politique. La première est la Réforme, qui brise l'unité chrétienne et qui, au point de vue politique, fut surtout une protestation contre l'autorité spirituelle et temporelle des papes, une révolte contre l'esprit dominateur de la cour de Rome. Les violences du moyen-âge étaient loin ; on commença bien par les guerres de religion, mais l'intérêt politique finit par l'emporter sur l'intérêt religieux, et l'on s'entendit à peu près. Cette entente était la négation du vieux principe qui laissait les hérétiques en dehors du droit des gens. Que devient alors le droit d'arbitrage du pape, fond de toute la diplomatie du moyen-âge? La politique se laïcise, et le pape ne peut plus être appelé comme médiateur entre catholiques et protestants. — La révolution politique, d'autre part, qui ébranle le principe féodal, le droit divin et héréditaire du souverain, est la formation des nations modernes, la constitution des grands États. L'unité politique de l'État se substitue à la hiérarchie des États vassaux. La conséquence est qu'après la formation de l'État et de la nation, l'idée du droit héréditaire du souverain disparaît pour faire place à celle de l'unité nationale et de l'indépendance du pays, à révolution lente, qui, commencée au xvie siècle ne sera accomplie qu'à la fin du xviie. Cette transition entre la politique féodale et la politique nationale fut réalisée par ce qu'on appela le système d'équilibre européen, c'est-à-dire le respect de l'indépendance des États assez forts pour se faire respecter. Ce furent les résultats qui s'affirmèrent en 1648 aux traités de Westphalie.

La notion du droit des gens se trouva ainsi modifiée à partir de la moitié du XVIIe siècle; l'indépendance des États doit être respectée, quelles que soient leurs forces et quelle que soit la religion de leurs habitants; et l'on voit poindre un peu vaguement l'idée qu'on appellera plus tard le principe de non intervention. Sous Louis XIV ces principes d'équilibre furent assez bien compris, et chaque fois que la France voulut y faire une brèche à son profit, elle se trouva bientôt en face de l'Europe coalisée.

L'idée qui fut la base de la politique française pendant plus d'un demi siècle et dont la réalisation fut toute la diplomatie de Louis XIV, aux déviations près que lui imprima par moment le fol orgueil du roi, la question de la succession d'Espagne, n'était guère la conséquence des principes nouveaux, et les résultats des grandes guerres de ce roi ne furent sans doute point étrangers à la nouvelle conception de l'équilibre au XVIIIe siècle. Le système ne fut plus qu'un Etat ne devait pas s'accroître démesurément au point de menacer l'indépendance des autres, mais que tous les Etats indépendants devaient accroître leurs forces simultanément et dans une même mesure, et comme tous les territoires européens étaient occupés, les grands Etats ne purent s'agrandir qu'au dépens des petits. Chaque grande puissance laissa prendre les autres, à condition qu'on la laisserait voler à son tour; de là ces trafics de territoires, ces cessions, ces échanges que consacrent les traités du XVIIIe siècle, de là cet odieux outrage au droit des nations : le partage de la Pologne.

La Révolution française et le mouvement philanthropique qui l'avait précédée préparèrent un admirable terrain aux idées de justice sociale qui doivent être la base définitive du droit des gens. Certes il y eut peu d'époques où ce qu'on appelle les principes naturels du droit international furent aussi peu respectés. Les hommes de la Convention, dans leur grandeur farouche, se piquaient peu d'habileté diplomatique, et le principe de non intervention leur était absolument indifférent ; ils appelaient les hommes à la liberté, en leur promettant appui et protection pour balayer les oppresseurs ; ils n'oublièrent qu'une chose, ce sentiment puissant qui a donné tant de vigueur à l'idée des nationalités et qui fait que l'on préfère l'indépendance nationale aux libertés politiques, que l'on sacrifie les unes à l'autre et qui place la patrie au-dessus de la tyrannie du prince ou de la liberté des citoyens. Ceci fit échouer cela. Au-delà des frontières on redouta le présent de la Convention et l'on craignit l'asservissement ; chaque cœur de Prussien ou de Bavarois préféra l'oppression et les violences d'un roi prussien ou bavarois aux libertés qu'il était exposé à recevoir des mains françaises.

Le sentiment national fit échouer ces principes nouveaux du droit des gens, qu'aurait pu inaugurer la Convention, principes fondés sur l'union des peuples pour la défense de leurs libertés politiques, civiles et religieuses, et le respect mutuel de leur indépendance nationale.

Les pratiques de la Convention furent considérées comme des violations du droit des gens par les puissances qui avaient partagé la Pologne ou qui l'avaient laissé faire. Leurs cris furent tels que la Convention finit par croire qu'elle allait trop loin dans cette voie et qu'elle recula ; elle rapporta le décret enjoignant aux généraux français d'aider les peuples à renverser leurs rois et à fonder chez eux la République.

Quel triomphe pour les principes ! Quel reflet glorieux pour le droit des gens, au début de cette période de vingt ans de guerres pendant lesquels on ne signa des traités que pour les violer le lendemain et pour consacrer le règne de la force. Que devenait les principes du droit international lorsqu'on n'entendait plus en Europe que le bruit des régiments de Napoléon !

Et qu'y eut-il de changé lorsque la fortune tourna et devint contraire à l'Empereur? L'Europe épouvantée avait vainement entassé toutes ses forces pendant quinze ans pour réprimer l'ambition du conquérant; pendant quinze ans elle échoua toujours; ce ne fut qu'après un suprême effort, le dernier qu'elle pouvait tenter, que l'Europe, instruite par ses défaites même, et profitant de la fatigue de la France depuis vingt ans, réussit à triompher de son énergie. On réunit un Congrès à Vienne et l'on signa un traité.

On se laissa guider, avant tout, dans ce congrès par des motifs politiques, par le désir de reprendre contre la France une revanche de vingt ans et de profiter aussi largement de la victoire. Les négociateurs de Vienne firent une œuvre de diplomatie et d'autorité et non une œuvre de justice et de franchise. On viola tous les principes du droit des gens, les principes de la liberté, de la nationalité, de l'indépendance des peuples, etc.

Le congrès de Paris de 1856 fit un pas gigantesque vers la voie du progrès. On y posa pour la première fois les règles rationnelles qui doivent gouverner toute réunion de peuples. Les puissances furent traitées sur le pied d'égalité; les véritables principes du droit international enfin consacrés.

Mais le congrès de Berlin de 1878, au lieu de continuer l'œuvre de son devancier, la renversa complètement, ne tint aucun compte des droits essentiels des peuples, fit reculer le droit des gens à l'année 1815.

— Le respect des traités est à peu près entré dans les mesures internationales. Les peuples qui ont maintenant des relations fréquentes et des intérêts de même nature ont réglé dans les traités leurs rapports réciproques. C'est ainsi que dans notre siècle on a signé des traités de commerce, d'extradition, des conventions sur la propriété individuelle, littéraire et artistique, les postes et télégraphes, les chemins de fer, les monnaies, etc, en un mot une foule de traités ayant un caractère purement économique ou administratif, et qu'il est de l'intérêt de tous de conclure et de respecter. Ces conventions ont, en outre, un caractère qui manque aux grands traités, celui d'être librement débattues et volontairement consenties. Quant aux traités purement politiques, imposés à la suite d'une guerre, aujourd'hui, comme il y a deux siècles, on les subit tant qu'on ne peut pas faire autrement. La Russie en a donné l'exemple en 1871 en violant le traité de Paris. La conférence de Londres a essayé de sauver les principes par une misérable comédie, mais la réalité brutale était là : on violait le traité au nom de l'intérêt de la Russie, et les autres signataires approuvaient ne pouvant pas faire autre chose (1). En quittant la conférence, les plénipotentiaires n'eurent sans doute que des sourires de pitié pour ces temps arriérés où Agésilas approuvait la félonie de Phebidas comme utile à la patrie, et où le consul S. Postumius, livré aux Samnites. frappait le fécial romain au visage pour procurer un juste motif de guerre à ses concitoyens !

Division du sujet. — Quoi qu'il en soit, les traités règlent actuellement trop d'intérêts pour que leur étude puisse être négligée ; d'autant plus que la multiplicité des rapports ainsi réglés a donné à l'étude des règles qui les régissent un développement tout particulier. Non seulement il s'est formé des théories de droit international, mais on a établi pour la conclusion des traités une pratique internationale, et dans chaque

(1) Dans la circulaire que la Russie, profitant des embarras de l'Europe pour rompre ses liens, adressa aux puissances, est presque posé le principe que les traités n'obligent que les états trop faibles pour les déchirer et ne protègent que les états assez forts pour les défendre (V. Sorel, *Histoire diplomatique de la guerre franco-allemande*, II, p. 9).

pays une procédure spéciale indiquée dans la constitution. L'objet de l'étude que nous allons entreprendre est, précisément, de rechercher d'après les traités et les constitutions en vigueur ainsi que d'après les principes généraux du droit, les conditions essentielles à la validité juridique des conventions internationales.

Nous avons cru nécessaire de commencer par la définition même et la division des traités. Ceci formera l'objet de notre premier chapitre.

Les théoriciens du principe des nationalités n'ayant pu jusqu'ici faire triompher d'une façon absolue leurs idées, il nous faudra tout de suite après nous enquérir si tous les États peuvent librement conclure des traités, quels sont ceux qui ne peuvent pas le faire, quels sont ceux pour qui cette liberté est restreinte et dans quelle mesure elle l'est. Ce sera l'objet de notre deuxième chapitre.

Dans le troisième nous étudierons les règles constitutionnelles d'après lesquelles peuvent être passés les traités. En d'autres termes il s'agit dans ces deux chapitres de la *capacité* envisagée sous son double aspect : la capacité de l'État et la capacité de l'autorité gouvernementale de l'État.

Dans le quatrième nous nous occuperons de la question de ratification des traités.

Dans le cinquième nous nous demanderons si un traité signé et ratifié est obligatoire indépendamment de toute autre circonstance, s'il n'y a pas des cas où un État peut se refuser à l'exécuter. Nous indiquerons ensuite le vrai fondement de la force obligatoire des traités.

Enfin dans le sixième et dernier chapitre, nous examinerons s'il n'y a aucun moyen de donner une sanction aux obligations réciproques nées d'un traité international.

CHAPITRE PREMIER

DÉFINITIONS ET DIVISIONS DES TRAITÉS.

§ 1. — *Définitions.*

On a donné plusieurs définitions du mot traité. Remarquons d'abord que ce mot est relativement moderne ; en effet, chez les Romains nous trouvons les expressions *foedera*, *sponsiones*, pour indiquer les divers accords publics de leur temps (1).

On est généralement porté à définir le traité : « Une convention faite entre souverains. » Cette définition est inexacte, car l'État ne s'identifie pas avec la personne du souverain ; le traité lie non pas deux ou plusieurs chefs d'État, mais — ce qui est bien différent — deux ou plusieurs États. Les souverains peuvent bien traiter entre eux sur différentes questions, par exemple, sur leurs prétentions personnelles ou dynastiques au gouvernement d'un pays, mais ces accords ne doivent pas être considérés comme traités internationaux.

D'après Celvo, « les traités sont des actes écrits qui lient entre elles deux ou plusieurs nations, soit en confirmant les obligations et les droits respectifs dérivant de la loi naturelle et des usages, soit en y apportant des additions et des restrictions, mais dans tous les cas en leur donnant un caractère strictement obligatoire (2). »

(1) V. Grotius, *de jure belli ac pacis*, L. II, C. XV, §§ II, III.
(2) Calvo, *Le droit international*, I, p. 626.

Cette définition nous paraît tout à la fois et trop longue et légèrement inexacte. C'est ainsi qu'il eût mieux valu substituer le mot État au mot nation. Qu'est-ce, en effet, qu'un État ? Une personne du droit international, c'est-à-dire un être capable d'acquérir, de faire valoir des droits et de contracter des obligations. Une nation, au contraire, n'est pas, selon nous, une personne juridique, une personne de droit international, tant qu'elle n'est pas organisée en État ; il lui manque l'unité de volonté et les organes indispensables pour manifester cette volonté. D'ailleurs, nous repousserions la définition de Calvo pour un autre motif, c'est qu'elle contient un élément accidentel et inutile à l'existence du traité : l'écriture.

L'illustre professeur italien, que nous aurons si souvent l'occasion de citer dans cette étude, M. Fiore, écrit qu'on doit comprendre par l'expression « traités internationaux » : les conventions entre nations, lesquelles conventions peuvent être stipulées par le souverain comme représentant de la nation, mais non en son propre nom et de sa propre volonté (1).» Nous ferons, quant au mot nation, la même remarque que ci-dessus, quoiqu'il s'imposât presque à M. Fiore qui voudrait voir le droit des gens basé non sur les États mais sur les nationalités.

M. Renault définit le traité : « l'accord de deux ou plusieurs États pour établir, régler ou détruire un lieu juridique (2).» Nous nous tiendrons à cette définінition qui nous paraît convenir à tous les accords internationaux et donner aux traités leur véritable carectère en droit (3).

(1) Fiore, *Nouveau cours de droit international public*, traduit de l'italien par Pradier-Fodéré, I, p. 448.

(2) M. Renault, *à son cours*.

(3) C'est aussi au fond la définition que nous trouvons exprimée, d'une façon moins simple, dans un livre récent : *Projet d'un code international, proposé aux*

Les traités sont donc de véritables contrats, des lois positives obligatoires pour les contractants. Généralement on les appelle *traités publics* parce qu'ils supposent toujonrs un accord entre deux ou plusieurs États et parce que ces États sont régis par le droit public. On se sert aussi du mot convention pour désigner un accord international. Le mot traité est plus solennel, a plutôt une portée politique : traité de paix, traité d'alliance. On appelle *convention*, au contraire, un accord qui le plus souvent n'a pas une portée politique et qui s'applique à un seul objet nettement déterminé : convention postale, télégraphique, d'extradition, etc. Ces deux termes ne comportent aucune différence essentielle, et d'ailleurs, suivant les cas, les accords intervenus entre les États, prennent aussi les noms de : *arrangement*, *déclaration*, *cartel*, etc.

§ 2. — *Divisions.*

Il n'est pas facile de reduire à quelques types les différents pactes publics, d'en faire une classification rationnelle, les liens juridiques qu'ils établissent, qu'ils règlent ou qu'ils détruisent étant très variés.

Grotius a le premier donné une division des traités ; il les a divisé en deux classes : 1° Traités ayant pour objet des choses auxquelles on est obligé par le droit naturel, ainsi les traités d'amitié, d'hospitalité, de passage, etc. ; 2° Traités en vertu desquels l'une des parties s'oblige à quelque chose de plus, ainsi les traités d'alliance, de garantie, etc. Les premiers ont pour but de procurer un droit parfait à des choses auxquelles on n'avait

diplomates, aux hommes d'État et aux jurisconsultes du droit international, de David Dudley Field, traduit de l'anglais par A. Rolin, art. 188, p. 82.

qu'un droit imparfait (1). Vattel nous montre leur utilité : « De pareils traités, dit-il, devenaient fort nécessaires parmi les anciens peuples, lesquels ne se croyaient tenus à rien envers les nations qui n'étaient pas au nombre de leurs alliés. Ils sont utiles même entre les nations les plus policées, pour assurer d'autant mieux les secours qu'elles peuvent attendre, pour déterminer ces secours et savoir sur qui compter, pour régler ce qui ne peut être déterminé en général par le droit naturel, et aller ainsi au-devant des difficultés et des diverses interprétations de la loi naturelle.

« Enfin, comme le fond d'assistance n'est inépuisable chez aucune nation, il est prudent de se ménager un droit propre à des secours qui ne pourraient suffire à tout le monde (2). »

Cette classification, fondée sur la nature des choses, n'a aucune utilité scientifique. Nous en dirons autant de la division de Martens.

Martens divise les traités en trois classes : 1° Traités qui ne tendent qu'à la confirmation d'obligations déjà naturellement parfaites, sans pour cela être superflues ; 2° Traités qui confirment les obligations imparfaites et les renforcent par là, sans pouvoir les changer en parfaites ; 3° Traités par lesquels on se promet ce qu'à proprement parler, et vu la collision avec d'autres devoirs, on n'avait même pas le droit imparfait d'exiger ou d'attendre (3).

Nous ajouterons que ces distinctions sont plus subtiles qu'exactes. D'autres auteurs, comme Wheaton, divisent les traités en réels et personnels. Les traités réels sont ceux faits par le chef de l'État, suivant les formes établies par la Cons-

(1) Grotius, op. cit. § V.

(2) Vattel, *Le droit des gens*, II, p. 155.

(3) Martens, *Précis du droit des gens moderne de l'Europe*, éd. in-18, I. p. 171.

titution, dans l'intérêt de l'État ; les traités personnels, ceux qui sont faits en faveur de la personne ou de la famille du souverain contractant. Les premiers sont réels parce qu'ils obligent même les successeurs du souverain qui les stipule, c'est l'État qui est lié ; les seconds sont personnels parce que leur durée est attachée à la vie du contractant ou de sa famille (1).

Nous rejetons également cette division pour plusieurs raisons : Il peut-être difficile en pratique de dire quand un traité est personnel et quand il est réel ; et, de plus, nous ne considérons pas les traités entre souverains comme faisant partie du domaine du droit des Gens, car nous ne pensons pas que les souverains soient des personnes du droit des Gens. Ces personnes, ces sujets, sont les États, depuis la disparition du régine féodal, qui a entraîné avec lui le principe que le souverain est l'État. Les conventions faites par les souverains, se rapportant à leurs intérêts personnels, sont donc des conventions privées, appartiennent au droit privé et non au droit international.

Une autre division est celle des traités transitoires et des traités permanents. Les premiers ont pour objet des affaires déterminées s'accomplissant par un acte unique et une fois pour toutes, tels seraient les traités de cession, de limite, d'échange de territoire, etc. ; les seconds impliquent une exécution continue et successive pendant un certain laps de temps, dont la limite extrême n'a pas forcément besoin d'être déterminée à l'avance et peut aboutir à la perpétuité, tels seraient les traités de commerce, de navigation, d'amitié, d'alliance, etc. (2).

Dans cette division les traités transitoires ont ainsi un caractère définitif, et, une fois mis à exécution, ils sont irrévocables.

(1) Wheaton. *Eléments du droit international*, I, p. 255. — Dalloz, *Répertoire* v° *Traité int.* art. 1, § 2, n° 80. — Vattel, *op. cit.*, p. 171 et suiv.

(2) Calvo, *op. cit.*, p. 627.

Mais il nous semble qu'il est grave de leur accorder ainsi le caractère d'immutabilité, qu'une nation ne peut accepter un ensemble de dispositions auxquelles se trouve soumise, à perpétuité, sa liberté dans ses rapports avec une autre nation.

A l'objection que : les obligations qui s'accomplissent par un acte public et non successif sont obligatoires même pour la postérité, parce que la nation est moralement une quoique les générations se succèdent, nous répondrons, avec Fiore, que ce principe n'est qu'une des applications de la fausse doctrine de la légitimité des faits accomplis, et cette doctrine n'a pu être soutenue que par l'empirisme qui a régné jusqu'ici et règne encore dans la science du droit, et qui a mis la science au service du despotisme des rois (1). Plus loin nous aurons l'occasion de revenir sur ces idées, et nous tâcherons alors de démontrer que quoi qu'une obligation soit déjà exécutée, quoi qu'une portion de territoire cédée, par exemple, ait passé dans les mains de l'autre partie contractante, cela n'empêchera pas au moment opportun la partie qui a exécuté de demander la résiliation du contrat et la restitution de ce qu'elle a cédé.

Pour ces raisons, nous repoussons aussi la division des traités en transitoires et permanents.

On a encore divisé les traités en traités égaux et inégaux, suivant que le droit ou l'obligation d'une partie, est ou non l'équivalent du droit ou de l'obligation de l'autre partie. Division sans importance, dont le seul mérite est de faire ressortir que même au XIXe siècle il y a des traités inégaux, des conventions léonines !

Mentionnons enfin la division des traités en publics et secrets, en traités simples et conditionnels.

(1) Fiore, *op. cit.*, p. 487.

Dans toutes ces divisions les traités sont considérés plutôt dans leur forme, leur nature et leurs effets. Mais ils peuvent être envisagés aussi au point de vue des objets qu'ils embrassent. A ce point de vue, Heffter les divise en trois catégories : 1° Des conventions constitutives, qui ont pour objet soit la constitution d'un droit réel sur les choses d'autrui, soit une obligation quelconque de donner ou de faire ou de ne pas faire, tels sont les traités de cession, de limites, de partage, de prêt, d'établissement de servitudes publiques, etc. ; 2° Des conventions réglementaires pour les rapports politiques et sociaux des peuples et de leurs gouvernements, tels sont les traités de paix, d'amitié, de commerce, de navigation, d'extradition, relatifs aux monnaies, poids et mesures, etc. ; 3° Des conventions de société, tels que les traités d'alliance, etc. « Il est inutile de remarquer, ajoute Heffter, qu'un traité peut avoir un caractère mixte de plusieurs espèces (1). »

Cette division, quoique véritablement scientifique, nous paraît défectueuse parce que l'objet des traités de la première catégorie (l'obligation de donner, de faire ou de ne pas faire) appartient aussi aux traités des deux autres catégories.

Enfin des auteurs présentent une autre division, celle-ci trop vague ; ils divisent les traités en traités généraux, c'est-à-dire qui embrassent toutes les relations ou tout un groupe de relations générales entre les États, et en traités spéciaux, qui ne concernent qu'un objet déterminé des relations internationales (2).

Après avoir ainsi énuméré les classifications, il nous reste à présenter celle qui nous semble la plus rationnelle, autant que

(1) Heffter. *Le droit international de l'Europe*, traduit de l'allemand par Bergson 4e éd. p. 205.

(2) Funck Brentano et Sorel, *Précis du droit des gens*, p. 105, 130, 177.

la grande variété des traités permet d'en faire une division scientifique exacte. Cette classification consiste à les ranger d'après leur objet principal, en ne craignant pas de faire autant de classes qu'il y a d'espèces. Nous aurons donc :

1° *Les traités de paix.* — Par ces traités on rétablit les rapports de droit qui ont été suspendus à cause de la guerre entre les États.

2° *Les traités d'union politique.* — Les États qui les signent confondent leur souveraineté, se donnent le même chef et le même gouvernement, pour ne former à l'égard des autres États qu'un seul État indépendant et souverain. Ainsi, sous la forme d'union réelle, le traité qui réunit l'Écosse à l'Angleterre (1707) et, sous la forme d'union fédérale, le traité qui constitua les États-Unis de l'Amérique du Nord (1787).

Si les États déterminent les objets en vue desquels ils s'unissent, il y a encore union politique, mais elle est alors incomplète. Exemple : La confédération germanique de 1815 (traité de 1815), la confédération de l'Allemagne du Nord (traité de 1866).

3° *Les traités d'alliance.* — Leur objet est l'association entre deux ou plusieurs États, soit dans l'intention de se soutenir mutuellement contre un péril qui les menace, soit pour attaquer un ennemi commun. Nous citerons comme récent exemple l'alliance austro-allemande, qui a fait dépenser tant d'encre et tant de papier à la presse des deux mondes ! Une alliance peut encore se conclure pour atteindre pacifiquement un but politique. La fameuse *sainte Alliance,* de 1815, en est le type le plus caractérisé.

4° *Les traités d'amitié.* — Ils constatent tout simplement les bons rapports entre des États. Le plus souvent ils servent à préparer le terrain, pour un lien plus étroit, aboutissant à des obligations. L'exemple le plus remarquable est le traité du 23 février 1813 conclu entre le tzar Alexandre et Frédéric Guillaume, roi de Prusse.

5° *Les traités de garantie et de sûreté.* — Par ces traités, un État promet à un autre de lui porter secours en cas de besoin. Ainsi le traité d'Aix-la Chapelle (1748) par lequel les huit États signataires se garantirent réciproquement l'exécution des stipulations convenues.

6° *Les traités de protection.* — Les traités de protection obligent un État de défendre, de protéger un autre État plus faible. Dans la plupart des cas ils portent atteinte à l'autonomie du protégé. Ils aboutissent soit à l'indépendance de l'État protégé, soit à l'absorption de cet État par le protecteur. Exemple : Le traité de Paris de 1815, attribuant le protectorat à l'Angleterre sur les îles Ioniennes, devenues après indépendantes et réunies librement en 1864 à la Grèce ; le traité de Vienne, de la même année, attribuant le protectorat à l'Autriche, à la Russie et à la Prusse sur la ville libre de Cracovie, incorporée à l'Autriche en 1846.

7° *Les traités de neutralité.* — Ils ont pour effet de neutraliser un État dans son intérêt et dans celui de plusieurs autres États. Tels sont les traités de 1815, 1839 et 1867 déclarant la neutralité perpétuelle de la Suisse, de la Belgique et du grand duché du Luxembourg. Il y a une autre espèce de neutralité réglée par les traités : la neutralité temporaire. Cela arrive lorsque des États veulent rester étrangers à une guerre qui a lieu entre d'autres États. — Nous citerons, comme exemple, la *Ligue des neutres* de 1870.

8° *Les traités de limite.* — Les États règlent par ce moyen leurs frontières respectives. Ainsi, les traités de la France avec les Pays-Bas (1820), la Suisse (1824, 1825, 1826), l'Espagne (1859, 1862, 1866), la Sardaigne (1861), etc.

9° *Les traités de cession.* — Ils interviennent lorsqu'un État cède à un autre État un territoire ou une portion de territoire avec ou sans paiement de prix ou indemnité. Comme exemple de cession, pure et simple, nous citons le traité de 1860, par lequel Nice et la Savoie sont réunies à la France. Comme exemple de cession subordonnée au paiement d'un prix : la cession de la Louisiane faite par la France aux États-Unis en 1803.

10° *Les traités d'échange.* — Les États conviennent de se céder ainsi mutuellement des portions équivalentes de territoire, pour arrondir ou rectifier leurs frontières, prévenir des conflits ou simplifier l'action administrative.

11° *Les traités de subsides.* — Ce sont ceux par lesquels une puissance s'engage soit à fournir de l'argent à une autre pour l'entretien des troupes, soit à fournir des troupes moyennant une indemnité. On concourt de cette façon indirectement à la guerre.

12° *Les traités de commerce.* — Ces traités sont bien certainement les plus importants. Ils concilient les intérêts respectifs des États dans leurs relations de production et d'échange. Les traités de commerce contiennent souvent des clauses accessoires relatives à l'échange et à la circulation des valeurs mobilières, à la condition des sujets des États contractants dans leurs territoires respectifs, à l'établissement des consuls, etc., etc.

Quoiqu'appartenant à l'ordre économique ils entraînent très souvent des conséquences dans l'ordre politique. Montesquieu disait à ce propos : « Deux nations qui négocient ensemble se rendent mutuellement dépendantes (1). »

13° *Les traités d'union douanière.* — Par ces traités toute ligne de douane entre les Etats contractants est supprimée. Les

(1) Montesquieu. *Esprit des lois*, liv. XX, chap. II.

traités de commerce ont pour objet de concilier les intérêts des Etats, les traités d'union douanière ont pour effet de les confondre. Ils sont relativement nouveaux dans l'histoire des transactions internationales. L'exemple le plus remarquable c'est le *zolleverein* ou union douanière allemande.

14° *Les traités de navigation.* — Ils ont pour objet le règlement des péages, de transit des marchandises, de pilotage et en général de la police de la navigation fluviale dans les cours d'eau ou dans les lacs qui séparent deux Etats ou traversent le territoire de plusieurs Etats. Pour atteindre le même but on se sert souvent des traités de commerce. Nous avons un exemple tout récent de cette sorte de traité : le traité relatif à la navigation du Danube, signé à Londres, le 10 mars 1883, entre la France, l'Allemagne, l'Autriche-Hongrie, le royaume uni de Grande-Bretagne et d'Irlande, l'Italie, la Russie et la Turquie (1). Lorsqu'il s'agit de la navigation maritime ces traités ont pour objet de régler les relations maritimes entre les nations.

15° *Les conventions industrielles.* — Leur but est d'assurer à l'étranger la propriété des inventions, celle des marques de fabrique et des dessins industriels.

16° *Les conventions littéraires et artistiques.* — Elles reconnaissent et garantissent aux écrivains et artistes étrangers la propriété de leurs œuvres.

17° *Les conventions postales et télégraphiques.* — Elles ont pour but de régler, de faciliter la transmission des lettres, dé-

(1) Il est plus que probable que ce traité ne sera pas mis en vigueur tel qu'il est, car la Roumanie, puissance riveraine du Danube, n'ayant pas été admise à délibérer à Londres pour défendre ses intérêts, n'y adhérera jamais, à moins que les grandes puissances, violant encore une fois les principes les plus élémentaires du droit des gens, n'imposent par la force à ce petit pays l'exécution de la convention.

pèches, colis, etc. Exemples : le traité d'union postale signé à Berne en 1874, l'union postale universelle conclue à Paris en 1878, le traité de 1865, complété en 1868, introduisant un système uniforme pour les rapports télégraphiques des Etats, etc.

18° *Les conventions relatives aux chemins de fer.* — Elles règlent les conditions de transit des voyageurs et des marchandises à travers les Etats.

19° *Les conventions monétaires.* — Par ces conventions on essaye de mettre fin aux nombreux inconvénients résultant de la multiplicité des systèmes monétaires. Nous avons comme exemple la convention signée, le 23 décembre 1865, entre la France, l'Italie, la Belgique et la Suisse, à laquelle adhéra la Grèce.

20° *Les traités de juridiction.* — On règle par cette sorte de traités le jugement de certaines affaires d'une nature spéciale. Exemple : la convention de 1875 qui a organisé les tribunaux mixtes en Egypte.

21° *Les traités relatifs à l'exécution des jugements.* — Ils déterminent les conditions nécessaires pour qu'un jugement rendu dans un Etat produise ses effets dans un autre Etat.

22° *Les traités d'extradition.* — Leur objet est la fixation des conditions dans lesquelles l'extradition peut être réclamée et obtenue.

23° *Les traités consulaires.* — Ils servent aux Etats pour régler les droits et les devoirs de leurs consuls respectifs, quand ils ne l'ont pas fait dans les traités de commerce.

On voit qu'en somme tous ces traités peuvent se rattacher à l'un des trois ordres d'idées suivants : 1° traités politiques ; 2° traités économiques ; 3° traités judiciaires.

Et s'il est absolument nécessaire de proposer une division,

générale, nous préférerions cette classification à *posteriori* et toute expérimentale aux divisions spéculatives et théoriques qui sont toujours ou inexactes ou incomplètes.

— Maintenant, après avoir donné la véritable définition des traités et indiqué d'une façon complète les divers objets auxquels ils peuvent s'appliquer, nous allons rechercher quels sont les Etats qui jouissent du droit de les conclure. Ce sera l'objet du chapitre suivant :

CHAPITRE II

DE LA CAPACITÉ DES ÉTATS

Nous commençons cette matière par poser la règle suivante : Tous les États ont la capacité de conclure des traités internationaux. Il n'y a d'exception que pour ceux qui ont *complètement* perdu la souveraineté extérieure et pour ceux qui sont déclarés incapables par une convention expresse.

Ainsi, de même qu'en droit privé à cette question : qui peut contracter ? on répond : toutes les personnes, sauf celles exceptées par la loi ; de même, en droit international, il ne saurait y avoir d'incapables, à côté de ceux qui ne jouissent point de la souveraineté extérieure, c'est-à-dire qui n'existent même pas comme personnes internationales, que les États à qui la capacité a été formellement enlevée ou altérée. Et, nous ajouterons : quand il y a des doutes pour tel ou tel État, on doit se prononcer plutôt pour la capacité que de la lui dénier. Une nation isolée ne peut pas atteindre les fins de son existence ; pour vivre et progresser, elle doit compter sur un grand nombre de conditions placées dans la volonté des autres nations. Et dans le but de s'assurer ces conditions, elle a besoin de recourir aux traités.

De plus, nous ne voyons pas dans la capacité de conclure rien qu'un droit pour un État, mais aussi un devoir. Chaque État a, selon nous, le devoir de se mettre en rapport avec d'autres États pour contribuer, en même temps qu'à son développement, à l'amélioration, au perfectionnement, au bien être de l'humanité et pour activer le progrès de la civilisation. Son intérêt est relégué au second plan. L'essentiel est le but général à atteindre.

De ce que nous venons de dire il résulte que nous n'admettons pas la formule traditionnelle: « Ont le droit de conclure les traités internationaux les États souverains et indépendants. »

Elle nous parait inexacte, ou, pour mieux dire, elle est trop étroite et trop large à la fois. Elle est trop étroite, car nous trouvons des États qui tout en ne jouissant pas de la plénitude de leur souveraineté ou tout en se trouvant dans une situation en quelque sorte dépendante, ne possèdent pas moins, quelquefois entière, quelquefois restreinte, cette faculté que nous appellerons de droit naturel. Elle est trop large, car il peut se faire qu'un État soit indépendant et souverain et qu'il n'ait pas le droit de traiter.

Nous espérons mettre notre pensée en relief en jetant un coup d'œil sur les différentes catégories d'États et en déterminant pour chacune les droits qui lui appartiennent relativement aux traités.

Il y a d'abord les États souverains. Dans cette catégorie entrent : les États homogènes, les États hétérogènes, les États à union réelle, les États à union personnelle, les confédérations d'États et les États fédératifs. Il y a ensuite les États dont la souveraineté est contestée ou qui ne possèdent pas une souveraineté complète, soit qu'ils ne l'aient jamais possédée, soit qu'ils l'aient aliénée spontanément en vertu de la souveraineté même qu'ils possédaient auparavant. Font partie de cette deuxième catégorie : les États demi-souverains, les États protégés, les États tributaires et les États neutres. Reprenons.

Les États homogènes sont ceux dont la constitution sociale et la constitution politique se sont développées simultanément, où la nation et l'État se confondent. La France en est le type. On classe cependant parmi ces États aussi ceux qui ne sont homogènes que par leur constitution et par leur histoire, comme la Prusse et la Russie, qui possèdent des provinces avec un caractère national particulier, et nullement assimilées à la nationalité prussienne et à la nationalité russe, par exemple les provinces polonaises.

Les États hétérogènes sont ceux qui se caractérisent par le défaut d'homogénéité, les États qui renferment plusieurs nationalités, qu'ils ne peuvent ni assimiler entièrement, ni leur donner une existence nationale indépendante; ils sont obligés de les dominer, épuisant ainsi dans ce travail une partie de leurs propres forces. Ainsi la France en 1802, l'Autriche telle que les traités de 1815 la constituèrent, et enfin la Turquie.

Le défaut d'homogénéité dans un État est naturellement une cause de faiblesse.

Lorsqu'un État, au lieu de s'affaiblir de cette façon, s'entend avec d'autres États pour s'unir et se fortifier, il se forme alors une union réelle. La Grande-Bretagne, formée par la réunion de l'Angleterre, de l'Ecosse et de l'Irlande, nous en fournit un exemple. Il n'y a qu'un seul gouvernement, une constitution politique commune, mais chaque nation conserve, dans une certaine mesure sa législation civile et son administration provinciale.

Les États homogènes, les États hétérogènes et les États à union réelle ont le plein exercice de la souveraineté intérieure et extérieure. Aucune restriction n'existe à leur capacité de conclure les traités internationaux.

Lorsque plusieurs États conservent une constitution indépendante et se trouvent soumis au même souverain, il y a alors ce qu'on appelle une union personnelle. Cette union peut exister de trois manières différentes : 1° Deux États peuvent être soumis au même souverain sans qu'il y ait rien de commun entre leurs gouvernements. Ce système a existé dans les rapports du Hanovre avec l'Angleterre, de 1714 à 1738. Il existe de nos jours entre le Royaume des Pays-Bas et le Grand Duché du Luxembourg. Sauf la personne du souverain, il n'y a rien de commun entre les deux États. Chacun a sa représentation à l'étranger ; ils concluent des traités ensemble, etc. Aucune incapacité ne résulte donc de cette union.

2° Deux Etats peuvent avoir de commun non-seulement leur souverain, mais aussi leur diplomatie, tout en conservant leurs gouvernements et leurs législations différentes. Nous citerons comme exemple la Suède et la Norvège, qui ont été réunies en 1815. Elles forment bien deux États indépendants. Cependant au point de vue extérieur il n'y a qu'un seul État, représenté par un seul agent diplomatique. Ce n'est que dans les conférences ayant un caractère économique et administratif que la Suède et la Norvège ont chacun leur représentant. La capacité de traiter de chaque État a disparu depuis l'union. Ces deux pays nous montrent qu'il peut y avoir, ainsi que nous le disions en commençant, des États souverains et indépendants qui ne jouissent pas du droit de faire des traités internationaux. Ce droit c'est l'union seule qui l'a.

3° De même il y a union personnelle entre l'Autriche et la Hongrie. Mais ici, à la communauté de souverain se joignent la communauté d'intérêts et un même gouvernement pour diriger les intérêts communs. Cela n'empêche pas qu'un État soit indépendant à l'égard de l'autre. Ainsi l'Autriche a sa constitution et son gouvernement; la Hongrie a les siens qui sont différents. Ce n'est qu'à l'égard des États étrangers qu'elles ne forment qu'un seul

État. Elles n'ont toutes les deux qu'une seule représentation. Point de capacité pour chaque État en particulier en ce qui concerne les traités. L'Autriche et la Hongrie ne nous offrent-elles pas encore un exemple d'États indépendants et souverains auxquels n'appartient pas cependant le droit de traiter (1)?

Des États peuvent s'unir et donner naissance à une combinaison d'une nature différente de celles-ci. Il peut y avoir ce qu'on appelle une Confédération d'État, ou des États fédératifs.

Il y a Confédération d'État lorsque deux ou plusieurs États forment une association permanente pour la défense de leurs frontières respectives, pour le maintien de l'ordre dans leurs territoires et pour la gestion de certains intérêts communs. Chaque État conserve son autonomie militaire et administrative, et même sa souveraineté extérieure sur tous les points sur lesquels il n'y a pas de réserve faite dans le pacte fondamental. Chaque État de la Confédération forme une personne internationale, et, de plus, la Confédération elle-même a une personnalité distincte de celle de ses membres. Comme exemple de système d'États confédérés nous avions la Confédération Germanique créée par le pacte fédéral de 1815, complétée par l'acte final de 1820, qui a duré jusqu'en 1866, dont le but était : « le maintien de la sureté extérieure et intérieure de l'Allemagne, de l'indépendance et l'inviolabilité des États confédérés. » Chaque État pouvait conclure directement des traités avec les États étrangers. La Confédération jouissait du même droit. Elle

(1) Nous ne pourrions pas en dire autant de l'empire d'Autriche, moins la Hongrie. Cet empire est l'exemple le mieux caractérisé d'une union réelle. En effet quoique les divers Etats qui le constituent aient conservé des lois fondamentales et des institutions politiques distinctes, ils sont unis si étroitement sous la même dynastie que leur souveraineté a été entièrement absorbée par la souveraineté générale du chef unique placé à leur tête.

pouvait envoyer et recevoir des agents diplomatiques près la diete de Francfort son organe. Mais si, en général, chaque État jouissait du droit de conclure des traités, il y avait dans certains cas déterminés par la constitution une incapacité absolue. Ainsi si la guerre était déclarée par la Confédération, aucun des États conférés ne pouvait entamer des négociations avec l'ennemi, ni traiter de la paix ou faire un amnistice sans le consentement des autres États. En outre, il lui était absolument défendu de souscrire aucun engagement international de nature à porter atteinte à la sécurité de la Confédération. Ajoutons enfin que chaque État devait respecter les traités conclus par la Confédération dans les conditions prévues par le pacte fédéral, c'est-à-dire se rapportant aux affaires fédérales. Remarquons ici encore que quoique les États de la Confédération Germanique eussent conservé leur indépendance respective, qu'ils fussent gouvernés par des souverains différents, ils n'étaient pas pleinement capables de faire des traités.

Il ne faut pas confondre les États dont nous venons de parler avec les États fédératifs. Ceux ci par l'institution d'un pouvoir exécutif suprême et central donnent naissance à une souveraineté nouvelle qui seule, en principe, peut participer à des accords internationaux. Telle est la fédération helvétique dont l'origine remonte au XVIe siècle.

Avant 1789, les cantons suisses pouvaient conclure des traités séparés les uns avec les autres ou avec les nations étrangères. Par la constitution de 1815 cette faculté leur fut limitée : ils ne pouvaient plus conclure que des conventions économiques et de police. La diète seule avait le droit de conclure des traités d'alliances, de commerce, etc., avec les autres États. D'après la constitution de 1848, les cantons sont souverains en tant que leur souveraineté n'est pas limitée par la constitution fédérale, et comme tels ils exercent tous les droits qui ne sont pas délégués au pouvoir fédéral (1). Toute alliance particulière et tout traité d'une nature politique entre cantons sont interdits. Mais ils ont le droit de conclure entre eux des conventions sur des objets de législation, d'administration ou de justice, sans le contrôle de l'autorité fédérale (2). Ils ont le droit de faire avec les États étrangers des traités sur des objets concernant l'économie politique, les rapports de voisinage et la police, pourvu que ces traités ne contiennent rien de contraire à la fédération ou aux droits des autres cantons (3). La fédération seule a le droit de déclarer la guerre, de conclure la paix, ainsi que de faire avec les États étrangers les traités de péage (douane) et de commerce (4). La constitution Suisse actuelle, de 1874, reproduit les mêmes dispositions. Comme on le voit, les cantons suisses sont bien loin de l'époque d'avant 1789, n'ont plus qu'un droit insignifiant de conclure les traités. De plus, comme nous le verrons plus loin, ce droit c'est toujours par l'intermédiaire du conseil fédéral qu'il est exercé.

La constitution helvétique a plus d'un point d'analogie avec celle de l'ancienne Confédération germanique. Au point de vue qui nous occupe il y a cependant entre les deux cette différence importante : tandis que les États de la Confédération germanique pouvaient conclure des traités d'alliance et de commerce, les cantons suisses, d'après l'article 8 de la constitution de 1848, reproduite par la constitution actuelle, sont privés de ce droit, qui appartient exclusivement à la diète fédérale.

Nous trouvons deux autres constitutions, celle des États-Unis

(1) Constitution de 1848, art. 3.
(2) Constitution de 1848, art. 7.
(3) Constitution de 1848, art. 9.
(4) Constitution de 1848, art. 8.

de l'Amérique du Nord et de la République Argentine qui se rapprochent davantage de la constitution suisse.

Les États-Unis de l'Amérique du Nord sont le type le plus complet d'un Etat fédératif. La constitution de 1787, mise en exécution en 1789, fit de la fédération américaine un Etat agrégé dont la sphère d'action s'étend à la fois sur tous les membres souverains de l'union et sur tous les citoyens. Elle fit un ensemble homogène tout en conservant l'autonomie de chacun. Le paragraphe 2 de l'article 6 est ainsi conçu : « Cette constitution et les lois des États-Unis qui seront faites en conséquence, et *tous les traités faits ou qui seront faits par l'autorité desdits États-Unis*, composeront la loi suprême du pays; les juges de chaque État seront tenus de s'y conformer, nonobstant toute disposition qui, d'après la loi ou la constitution d'un État quelconque, serait en opposition avec cette loi suprême. » Il y est dit expressément que la Confédération seule peut entrer en relation diplomatique avec les nations étrangères. La souveraineté extérieure des différents États de l'Union est absolument disparue.

Nous avons donc vu jusqu'ici qu'un certain nombre d'États, par suite de leur incorporation à une fédération ou de leur association avec d'autres États sont dans une mesure, qui varient suivant les pays, privés du droit de conclure des traités.

On a classé l'Empire Allemand aussi parmi les États fédératifs. Avant de dire notre pensée là-dessus nous rappelons qu'en 1866, après la campagne de Sadowa, la Confédération germanique fut dissoute et remplacée par la Confédération de l'Allemagne du Nord. Dans cette dernière Confédération il y avait un pouvoir central; il appartenait au roi de Prusse. Le roi représentait la Confédération dans les affaires extérieures, pouvait conclure les traités, avait droit de déclarer la guerre, etc. Mais à côté de ce pouvoir il existait une souveraineté particulière ou au moins une mi-souveraineté pour chaque État. Chaque État pouvait conclure les traités. La confédération du Nord disparut en 1871 pour faire place à l'Empire Allemand.

Nous pensons que cet Empire, tout en empruntant les formes extérieures d'un État fédératif, constitue plutôt une union d'États demi-souverains avec un État souverain. En effet, les autorités fédérales ne sont pas distinguées ici avec soin des autorités des États particuliers, comme en Suisse et aux États-Unis. Ainsi, le chef de l'État fédératif est en même temps le chef du plus puissant des États fédérés, joint à sa qualité d'Empereur celle de roi de Prusse. De même le chancelier de l'Empire est en même temps président des ministres en Prusse. De plus, il n'y a pas égalité pour les différents membres de l'Empire : la Prusse prédomine ; dans le conseil fédéral et dans le Parlement (qui représentent le pouvoir fédéral), elle dispose d'un nombre de voix très supérieur à celui dont dispose chacun des États fédérés. Ceux-ci se trouvent donc à l'égard de la Prusse dans une situation de dépendance qui enlève à la fédération son caractère essentiel. Mais ont-ils conservé leur souveraineté extérieure ? La constitution n'en parle pas. Nous tirons de ce silence la conséquence qu'ils jouissent sur ce point de la même capacité qu'avant la constitution de l'Empire allemand. Ce point n'ayant pas été réglé reste évidemment comme il se trouvait antérieurement. On a dit que si la constitution n'a pas enlevé expressément la souveraineté extérieure des États, c'est pour des raisons politiques, pour ne pas blesser la susceptibilité de ces États qui craignaient une absorption. Cette raison ne peut avoir aucune valeur. En fait, nous le reconnaissons, la souveraineté extérieure n'existe pas. Par suite de la force de la Prusse et des aspirations unitaires qui agitent les peuples de l'Allemagne, ces États s'approchent de plus en plus d'une complète sujétion. Mais en droit il n'en est pas ainsi, elle existe, quoique limitée. Un de ces États peut conclure une convention — et il y a des exemples — avec un État étranger. Il peut dès lors s'agiter la question de savoir si les parties ont été capables ou non de contracter, si l'acte intervenu a force obligatoire. Le cas peut se présenter d'autant plus facilement que quelques-uns des États allemands, comme la Bavière, se payent le luxe d'une ambassade à l'étranger. La constitution allemande dit catégoriquement que les consuls des différents États disparaîtront quand l'Empire aura les siens, car il ne doit y avoir que des consuls d'Empire. Ne peut-on tirer de là un argument *a contrario* et dire qu'il est laissé à chaque État le droit d'avoir une représentation diplomatique? Or, n'est-ce pas là la manifestation la plus éclatante de l'exercice de la souveraineté extérieure?

Nous concluons : comme la constitution de l'Empire allemand de 1871, ne règle que la représentation internationale de l'Empire et ne dit rien au sujet des droits qui restent, en général, aux États particuliers, ceux-ci conservent logiquement tous les droits qui ne sont pas expressément attribués à l'Empire. Ils conservent donc le droit de conclure des traités internationaux se rapportant à des affaires autres que celles qui sont déclarées communes et dont nous donneront plus loin, en parlant de l'autorité compétente pour traiter, une énumération.

Passons aux États mi-souverains. Ce sont ceux qui ont abandonné à un autre État, qu'on appelle suzerain, une partie de leur souveraineté. L'idée de suzeraineté est un reste de la féodalité ; on ne la trouve que dans les rapports de la Turquie avec certains pays. Étaient considérés comme faisant partie de cette catégorie : le Monténegro, la Roumanie, la Serbie, avant le traité de Berlin, et la Tunisie avant le protectorat français. Aujourd'hui, on peut citer comme exemple d'États mi-souverains : la Bulgarie, création monstrueuse de ce traité, et l'Egypte. Pour savoir quelle est leur capacité, quant à la conclusion des accords internationaux il faut consulter les conventions intervenues soit entre ces pays et leur suzerain, soit entre les puissances européennes. Quelquefois cette question présente de très grandes difficultés. Cela s'est présenté à propos de la Roumanie, en 1875, rel tivement au traité de commerce qu'elle avait conclu avec l'Autriche. Il s'agissait de savoir si elle pouvait le faire sans l'autorité de la Porte. L'Angleterre, consultée à ce sujet, a déclaré que le consentement du Sultan était nécessaire. Mais on discuta sérieusement la question, et on tomba d'accord que la Roumanie était pleinement capable. En effet, quoique classé parmi les États mi-souverains, ce pays ne jouissait pas moins depuis des siècles d'une souveraineté complète. La suzeraineté du Sultan n'était que nominale. D'un autre côté, elle avait une indépendance de fait bien longtemps avant 1878, car elle réunissait les éléments nécessaires à cet effet, savoir : une société assez nombreuse et capable d'exister par elle-même, une autorité publique responsable, une propriété territoriale suffisante et, enfin, la volonté et la force de défendre cette indépendance. Et si les puissances ne l'ont pas reconnue plus tôt officiellement, cela tient tout simplement à ce que l'occasion solennelle ne s'en était encore présentée. Après la guerre victorieuse qu'elle fit, avec la Russie, à la Turquie, celle-ci fut la première à reconnaître son indépendance.

Nous en dirons autant de la Serbie et du petit et vaillant Monténégro. Malgré les contestations de la Porte, le premier de ces deux pays avait une presque souveraineté ; et nous ne connaissons aucun acte, aucun traité, qui le déclarât incapable de contracter que muni d'une autorisation préalable. Quant au Monténégro, il a toujours joui d'une souveraineté et d'une indépendance absolues. Si, en 1862, il a été forcé de reconnaître la suzeraineté de la Porte, il s'est soulevé immédiatement pour s'en affranchir.

En ce qui concerne la Tunisie, on peut encore se demander si avant le protectorat français elle avait la capacité entière de conclure les traités internationaux, s'il ne lui fallait pas l'autorisation de la Porte. C'est la même question que celle qui s'était élevée au sujet de la Roumanie. Quoique sa condition se trouve tout à fait ch ngée maintenant et que cela soit sans intérêt pratique actuellement, nous tâcherons de prouver qu'elle était aussi capable que tout autre État souverain et indépendant. Le récent établissement du protectorat français sur ce pays a donné lieu à toutes sortes de commentaires. On a a cusé la France d'avoir agi d'une façon peu loyale dans cette affaire; la Porte a protesté contre le traité de protectorat. Quelques détails nous paraissent donc nécessaires sur la situation internationale de la Tunisie, antérieurement à ce traité.

Selon nous, il n'y a pas de doute que la Tunisie a toujours été considérée comme un pays indépendant, malgré quelques vestiges à peine sensible d'une ancienne vassalité que des suzerains, presque purement nominaux, avaient eux-mêmes négligée pendant des siècles. M. Barthélemy Saint-Hilaire, ministre des affaires étrangères, a, dans une circulaire adressée aux agents diplomatiques de la France au sujet de la question tunisienne, parfaitement bien fait ressortir la situation internationale de cette province. Nous y lisons : « Elle (la Tunisie) a aujourd'hui plus de deux cents ans d'indépendance, et le seul lien qu'elle eût conservé avec la Porte-Ottomane durant ce long intervalle, c'est un lien religieux. Elle reconnaissait le kalife sans être sujette du sultan, et surtout sans lui payer aucun tribut. Seulement à l'avènement de chaque bey, un usage respectueux envoyait de riches cadeaux au chef de la religion siégeant à Constantinople ; et, pendant le reste du règne, aucun acte politique ne rappelait, qu'outre cet usage bénévole, le bey de Tunis dût encore autre chose au commandeur des croyants. »

« Aussi la Régence traitait-elle seule, et de son droit propre de puissance souveraine, avec toutes les puissances étrangères ; elle faisait avec elle des conventions qui avaient force de loi par l'unique assentiment du bey, et telles furent notamment les conventions passées avec la France en 1742, dans l'an III, dans l'an X, en 1824 ; tel fut aussi le traité célèbre du 8 août 1830, pour l'abolition de la course et de l'esclavage, sans parler d'autres actes moins importants, comme celui qui concernait la pêche du corail. » De plus, la Porte, au siècle dernier, refusa plusieurs fois de r cevoir les réclamations adressées par l'Europe contre les pirates barbaresques. Les puissances de l'Europe ont fait vingt fois la guerre à la Régence sans être le moins du monde en guerre avec la Porte-Ottomane.

« Toutes les relations de la France avec Tunis — ajoute la circulaire — depuis la conquête d'Alger, ont eu lieu de même directement et sans l'intermédiaire de la Turquie (1). »

Enfin, dans la constitution tunisienne (23 septembre 1859) il n'est pas dit un seul mot du sultan. — Maintenant, en protestant, la Porte n'a fait que de se conformer à son ancienne habitude de revendication.

Le traité de Kasar-Saïd est donc et reste valable, car il a été conclu par deux contractants ayant pleine capacité pour conclure.

Si on nous objectait qu'en 1871 le sultan Abdul Aziz fit pro-

(1) Circulaire du 9 mai 1881. *L'année politique*, huitième année (1881), par A. Daniel.

clamer au Bardo un firman qui anéantissait l'antonomie souveraine de la régence et en abaissait le chef au rang de simple gouverneur provincial, nous aurions à répondre que ce firman est complètement nul, et qu'il est puéril d'admettre qu'un Etat puisse de la sorte s'arroger des droits sur un autre Etat. Du reste, les puissances européennes y répondirent par une protestation formelle et persistèrent à traiter le bey comme un souverain indépendant. Lord Salisbury disait à M. Wadington en 1878 : « Faites à Tunis ce que vous jugerez convenable ; l'Angleterre ne s'y opposera pas et respectera vos décisions. » Et dans la séance de la chambre des communes du 24 juin de la même année, M. Gladstone a déclaré textuellement : « Il est impossible d'affirmer comme une proposition de loi européenne que la Tunisie fait partie de l'empire Ottoman » (1).

Pour finir avec les Etats mi souverains il nous reste à parler de la Bulgarie et de l'Egypte.

La Bulgarie a été constituée par le traité de Berlin en principauté autonome et tributaire de la Porte. Ce traité semble à première vue avoir déclaré formellement l'incapacité de la nouvelle province. L'article 8 s'exprime ainsi :

« Les traités de commerce et de navigation, ainsi que toutes les conventions et arrangements conclus entre les puissances étrangères et la Porte, *et aujourd'hui en vigueur*, sont maintenus dans la principauté de Bulgarie, et aucun changement n'y sera apporté à l'égard d'aucune puissance avant qu'elle y ait donné son consentement » (2). Cet article ne peut-il pas donner lieu à des interprétations différentes? Ne pourrait on pas dire, par exemple, que si la Bulgarie doit respecter les trai-

(1) Revue de droit international et de législation comparée, T. XIII. 1881, p. 331 et s. *Situation de la Tunisie au point de vue international*, par M. Engelhard.

(2) B. Brunswick. *Le traité de Berlin*, annoté et commenté, p. 54.

tés existants entre la Porte et les Etats étrangers et ne les changer qu'avec son assentiment, elle est pleinement capable d'en faire de nouveaux ayant des objets autres que ceux des traités conclus par la Turquie? Ces mots : *et aujourd'hui en vigueur.....* nous paraissent en effet conduire à une pareille interprétation. De plus, l'article 10 du même traité, prescrivant l'obligation de la Bulgarie de se substituer pour sa part « aux engagements que la Sublime-Porte a contractés tant envers l'Autriche-Hongrie qu'envers la compagnie pour l'exploitation des chemins de fer de la Turquie d'Europe, par rapport à l'enlèvement et au raccordement ainsi qu'à l'exploitation des lignes ferrées sur son territoire, » dit que les conventions nécessaires pour régler ces questions « seront conclues entre l'Autriche-Hongrie, la Porte, la Serbie et la Principauté de Bulgarie. » Une conférence à quatre a en effet eu lieu il y a peu de temps ; la Bulgarie y a été regardé comme un État indépendant.

Ce qui nous fait aussi penser que la Principauté n'est tenue de respecter que les traités existants en 1878, c'est qu'elle souffrirait beaucoup dans sa situation économique et commerciale de suivre la Porte dans toutes ses évolutions. Cette considération n'a pu échapper aux diplomates du congrès de Berlin. Ajoutons enfin que la Turquie a dénoncé tous ses traités de commerce ; il n'y en a donc plus qui doivent être maintenus par rapport à la Bulgarie. Alors il lui en faut conclure d'autres : ses besoins l'exigent impérieusement. Elle ne peut pas s'en remettre à l'insouciante Porte pour cela. Et puisqu'on lui a reconnu un droit, dans la conférence à quatre, quand il s'agissait de contracter une charge, de s'imposer une dépense de vingt millions, pourquoi le contesterait-on s'il s'agissait d'une convention destinée à développer les ressources économiques du pays? Au surplus elle est en train de passer dans ce ce moment une convention commerciale avec l'Autriche-Hongrie, et elle n'a point demandé l'autorisation de la Turquie (1).

Nous n'en dirons pas autant de l'Egypte. Son incapacité est formellement prévue dans l'acte séparé annexé à la convention conclue à Londres, le 15 juillet 1840, entre la Bretagne, l'Autriche, la Prusse et la Russie, d'une part, et la Turquie de l'autre (2). Il y est dit que les traités conclus par la Porte, de même que ses lois sont obligatoires pour l'Egypte. Il est à remarquer cependant que l'Egypte elle-même, en vertu d'un firman de 1873, conclut seule les conventions sans caractère politique avec les Etats étrangers.

(1) Au mois de septembre 1883, la Porte a jugé nécessaire de témoigner, par un acte officiel, qu'elle n'entendait pas renoncer aux droits que le traité de Berlin lui a reconnus sur la principauté. A cet effet elle a adressé à ses représentants auprès des grandes puissances des instructions les invitant à déclarer qu'elle maintenait sa demande relativement à la confirmation par le gouvernement ottoman des délégués bulgares à la commission mixte du Danube et à renouveler en même temps sa protestation contre l'adhésion séparée de la Bulgarie à la convention de Londres. Elle considérait que la ratification de cette convention par la Turquie devait comprendre *ipso facto* celle de la principauté vassale (*Le Temps*, 24 septembre 1883). Elle a fait annoncer aussi qu'elle ne ratifierait le traité relatif à la navigation du Danube, conclu à Londres en mars 1883, qu'à la condition de faire signer par les puissances un protocole spécial établissant que l'échange des ratifications par la Bulgarie ne se fera pas avec le gouvernement de Sophia, mais avec la Sublime Porte, et de prévoir dans ce protocole que le délégué de la Bulgarie, dans la commission mixte, est censé avoir reçu son mandat du sultan et que, par conséquent, il devra lui rendre compte de son accomplissement.

On n'a, bien entendu, tenu aucun compte de toutes ces démonstrations, et les paroles de la Turquie n'ont eu cette fois-ci encore aucun écho.

(2) La France est restée étrangère à la conclusion de cette convention, mais elle l'a sanctionnée implicitement en signant à Londres, le 13 juillet 1841, avec les grandes puissances, la convention spéciale pour la fermeture du Bosphore et du détroit des Dardanelles, laquelle forme la suite et le complément naturel de la convention du 15 juillet 1840 (De Clerq. *Recueil des traités de la France*, T. 4).

Nous arrivons aux États protégés. On ne peut pas donner une définition exacte du protectorat. Quelquefois il n'est qu'un euphémisme ; par exemple : le traité du 12 juillet 1806 plaçait la Confédération du Rhin sous le protectorat des Français ; la Confédération du Rhin était en réalité sous la dépendance de Napoléon Ier.

Il peut être un lien de vassalité plus ou moins prononcé ou un lien de garantie plus ou moins étendu. Il varie suivant le rapport des forces des États, suivant leur politique, suivant les circonstances dans lesquelles il est établi. Mais le plus souvent c'est la situation des peuples sauvages ou demi-sauvages qui se placent sous la protection d'un peuple civilisé ; la souveraineté extérieure de l'État protégé disparaît dans ce cas presque toujours. Tel est l'exemple de ces peuples et tribus de la côte d'Afrique avec lesquels la France a conclu un grand nombre de conventions, entre 1840 et 1846. Le protectorat de la France existait dans des conditions analogues sur Taïti en vertu du traité du 5 août 1847. Ce n'est pas seulement la souveraineté extérieure de ce pays qui avait disparu, mais jusqu'à un certain point même sa souveraineté intérieure. La France seule la représentait dans ses rapports avec les États étrangers ; c'étaient les consuls français qui protégeaient les Taïtiens à l'étranger. — Rappelons que depuis le 15 septembre 1880 Taïti est devenu colonie française.

Dans le même ordre d'idées rentrent les conventions de protectorat conclues par la France avec les voisins de la Cochinchine, comme par exemple, celle du 11 août 1863 conclue avec Kambodge, le traité du 15 juillet 1866 avec Siam, etc. Dans tous ces accords il est prévu expressément que la direction des relations extérieures des pays protégés appartiendra à la France.

Mentionnons aussi, comme ayant le même caractère, le traité

du 15 mars 1874, dont on a tant parlé, intervenu entre la France et le roi d'Annam, par lequel est établi le protectorat de la France sur le Tonkin, et le dernier traité, du 25 août 1883 qui établit de nouveau le protectorat en l'étendant sur tout le royaume d'Annam (1). Si le traité de 1874 avait été respecté, l'Annam nous aurait présenté le meilleur exemple d'un État qui tout en étant souverain et indépendant — une disposition expresse du traité le déclare tel — ne jouissait pas d'une capacité absolue de conclure les traités. « Dans aucun cas, dit ce traité, le roi d'Annam ne pourra faire avec une nation, quelle qu'elle soit, des traités de commerce en désaccord avec celui entre la France et le royaume d'Annam, et sans en avoir préalablement informé le gouvernement français (2). »

Citons enfin comme État protégé la Tunisie, qui se trouve sous le protectorat de la France depuis le traité de Kas-Saïd du 12 mai 1881. L'article 6 de ce traité dit expressément que la Régence n'a pas la capacité entière de conclure les traités internationaux : « Les agents diplomatiques et consulaires de la

(1) Le manque de netteté dans la rédaction d'un document diplomatique peut amener quelquefois de grandes difficultés. Un exemple frappant c'est la question du Tonkin. Dans le traité de 1874, où se trouve l'origine des droits de la France sur ce pays, le protectorat n'est pas inscrit formellement. Et quoique tout le monde, à commencer par les Chinois eux-mêmes qui avaient retiré leurs troupes du Tonkin immédiatement après la conclusion du traité, eût reconnu le protectorat français, ce traité après dix ans d'existence n'en est pas moins l'objet de toutes sortes de commentaires. La France a toléré que le gouvernement annamite ne l'exécutât point, et aujourd hui le gouvernement chinois lui demande à retirer ses troupes et revendique la possession du pays tout entier.

Une guerre pourrait éclater, grâce à l'absence du protectorat dans le traité et aux encouragements que le gouvernement français a donnés par ses hésitations à certains desseins, qui cause la plus fâcheuse interruption dans les rapports commerciaux de plusieurs pays.

(2) De Clercq. *Recueil*, T. XI.

France en pays étrangers seront chargés de la protection des intérêts tunisiens et des nationaux de la Régence. En retour, son altesse le bey s'engage à ne conclure aucun acte ayant un caractère international sans en avoir donné connaissance au gouvernement de la République française et sans s'être entendu préalablement avec lui. »

Le traité de Paris du 15 novembre 1815 plaça les îles Ioniennes sous le protectorat de la Grande-Bretagne. En 1815, la petite République de Cracovie fut placée sous la protection de la Prusse, de l'Autriche et de la Russie.

Ces pays avaient-ils le droit de signer des traités internationaux ? Non, quant aux îles Ioniennes, puisque leur souveraineté extérieure avait complètement disparu. Nous pensons, au contraire, que la République de Cracovie jouissait de ce droit, car le lien qui l'unissait à d'autres États n'était pas assez étroit pour qu'elle ait perdu complètement sa souveraineté extérieure. Ensuite, aucune disposition expresse ne la rendait incapable (1).

Il est facile de se rendre compte d'après ce que nous venons de dire qu'il y a des nuances dans le protectorat ; ainsi il peut se faire qu'un État protégé puisse entretenir des relations diplomatiques, faire des traités sans l'autorisation de personne, ou que l'autorisation préalable du protecteur lui soit nécessaire, ou qu'il soit tout à fait incapable. C'est la convention signée lors de l'établissement du protectorat qui détermine jusqu'à quel

(1) On sait qu'en 1864 l'Angleterre renonça à son protectorat et les îles Ioniennes furent annexées, à la suite d'un vote populaire, au royaume de Grèce « pour satisfaire aux vœux unanimes et fréquemment exprimés des Ioniens de former une même union politique avec les Hellènes libres, leurs frères ».

On sait aussi que la petite république de Cracovie fut violemment incorporée à l'Autriche, en vertu d'une ordonnance de l'empereur, rendue le 11 novembre 1846, avec l'assentiment des deux autres protecteurs et malgré les protestations de la France et de la Grande-Bretagne

point le droit d'intervenir dans les affaires intérieures et extérieures de l'État protégé est concédé à l'État protecteur. Il ne saurait y avoir une règle unique dans cette matière (1).

Les États tributaires sont ceux qui ont l'obligation de payer périodiquement une somme déterminée à d'autres États. En général, le tribut ne constitue pas un lien politique. Il se résume en une simple relation économique, qui laisse exister entièrement la souveraineté et l'indépendance des États. Mais s'il résulte du domaine éminent qu'un État possède sur un autre ou de la protection qu'il lui accorde, il n'en est plus ainsi. En tout cas, il n'entraîne jamais par lui-même l'incapacité de contracter pour les États tributaires (2).

Nous avons comme exemple de ces États: la Bulgarie et l'Egypte, tributaires de la Turquie, la République d'Andorre, tributaire de la France et de l'Espagne, etc.

Il ne nous reste maintenant qu'à dire quelques mots des États neutres.

(1) Il est plus que probable que bientôt on classera parmi les états protégés l'Egypte aussi. Cette tendance est assez manifeste malgré les déclarations contraires de M. Gladstone. En effet, l'Angleterre a encore beaucoup d'embarras en Egypte et beaucoup de difficultés pour réparer les désordres. Il lui faudra bientôt risquer plus de sang anglais qu'elle ne l'a fait jusqu'ici. Elle se verra obligée de renoncer aux demi-mesures pour prendre et exercer sur l'Egypte un véritable protectorat, malgré l'horreur — intéressée — des annexions que professe le gouvernement anglais.

Mais que dirait en pareil cas la presse d'Outre-Manche qui, oubliant à dessein que les nations sont quelquefois poussées par la logique des faits à des actes qui n'entrent point dans leur programme, a dénoncé et dénonce encore ce qu'elle appelle l'esprit de conquête de la France ?

La question de l'Irlande était assez grosse pour préoccuper le gouvernement anglais; le temps n'était, nous semble-t-il, point opportun pour s'embarquer dans une autre affaire au moins tout aussi grosse et plus compliquée encore.

(2) Jusqu'en 1830 quelques-uns des principaux pays maritimes souverains et indépendants payaient un tribut aux Etats barbaresques.

Certains États sont soumis à une neutralité perpétuelle ou conventionnelle ; ce sont la Suisse, la Belgique et le grand duché du Luxembourg, en vertu des traités du 5 novembre 1815, du 15 novembre 1831 et du 1er mai 1867. Ils ne peuvent conclure aucune convention qui les exposerait en temps de guerre. Ainsi en 1867, lorsqu'il s'agissait, à la conférence de Londres, de déclarer la neutralité du Luxembourg, tous les États se sont engagés à faire respecter cette neutralité, excepté la Belgique qui, étant elle-même neutre, ne pouvait signer un pareil engagement.

Résumons les résultats jusqu'ici obtenus sur la question de savoir quels sont les États ayant le droit de conclure des traités internationaux.

La capacité est la règle ; l'incapacité — absolue ou restreinte — l'exception. Tous les États, homogènes ou hétérogènes peu importe, qui forment un tout indivis en possession de la souveraineté complète à l'intérieur et à l'extérieur, jouissent de cette capacité d'une manière illimitée. Les États faisant partie d'une Union, d'une Confédération et les États fédératifs en sont privés ou non, pour tous traités ou seulement pour quelques-uns, suivant que le lien qui les unit est plus ou moins étroit. Pour savoir quelle est la capacité des États mi-souverains et des États protégés, il faut consulter les conventions respectives, qui varient beaucoup ; en général, elles exigent le consentement préalable de l'État suzerain ou protecteur ; quelquefois les États appelés mi-souverains ont une capacité illimitée. Enfin les États déclarés neutres à perpétuité ne sont incapables de faire que les conventions dont l'exécution pourrait les entraîner à participer à la guerre. Quant aux États tributaires, le tribut par lui-même ne constituant aucune déchéance, il est impuissant à leur enlever un droit.

Il y a dans l'Amérique du Nord des tribus indiennes qui, avant l'émancipation et l'indépendance des colonies américaines, ont été considérées par le gouvernement anglais comme jouissant d'une certaine souveraineté. L'Angleterre ne s'était jamais mêlée de leurs affaires intérieures. Depuis, il y en a qui se sont rangées sous les lois de l'Union ; quelques-unes se sont soumises à l'État dont elles sont le plus rapprochées D'autres, enfin, sont restées comme auparavant. Celles-ci jouissent incontestablement d'une entière capacité pour faire les traités internationaux. Elles en ont conclu un certain nombre avec les États-Unis.

Il y a aussi dans le monde, dans les coins où la civilisation n'a pas encore eu le temps de répandre ses bienfaits, des individus qui vivent d'une manière toute primitive, sans être constitués en État. Ce sont des peuplades nomades, par exemple comme celles qui se trouvent dans certaines contrées de l'Afrique et de l'Asie. On ne devrait pas traiter avec ces agglomérations d'individus, plus ou moins sauvages, car elles ne sont pas en état de faire respecter les clauses d'un traité, ne possédant aucun gouvernement sérieux et n'inspirant pas assez de confiance pour qu'on se fie à leur parole d'honneur. Cependant les nécessités politiques, économiques, etc., d'un État exigent souvent qu'on le fasse, ne fût-ce que pour se précautionner contre les États civilisés ! On traite ainsi ces peuplades, sans territoire propre, sans domicile fixe, comme des États sérieux ; pourvu qu'elles aient un rudiment d'organisation avec un chef à peu près reconnu, on conclut avec elles des traités internationaux.

Nous n'avons pas besoin de mentionner que les personnes morales ou juridiques, telles que les villes, les corporations, les compagnies de commerce, etc., sont incapables de conclure des traités, car ce ne sont pas des personnes internationales, ne constituent pas des États. Cela n'a pas toujours été de même. Dans le temps, l'Église était considérée comme la plus haute autorité internationale, jouissait non-seulement du droit de conclure les traités, mais encore de les considérer comme inexistants quand bon lui semblait, de délier de leur observation et d'absoudre celui qui avait juré de les respecter. Elle était représentée par le pape. Aujourd'hui que le pape n'est plus souverain temporel, mais seulement le chef de la religion catholique, l'Église ne jouit plus de ce droit. Cependant elle a toujours une personnalité juridique propre, conclut des accords avec les États, accords qu'on appelle *concordats* (1). Le concordat est bien loin d'être un traité, d'abord à cause de la qualité d'un des contractants : le pape, qui n'est pas le chef d'un État, et ensuite à cause de l'objet qui est toujours le même : l'exercice du culte dans un pays. Mais ce n'est pas moins un acte ayant un caractère public, contracté par des parties indépendantes et, par conséquent, tout à fait obligatoire.

(1) Le mot concordat a aussi une autre signification : le traité conclu entre le cantons suisses.

CHAPITRE III

DE L'AUTORITÉ GOUVERNEMENTALE COMPÉTENTE.

Le traité n'étant qu'une loi dont les dispositions s'imposent aux citoyens d'un État, le pouvoir législatif seul devrait être l'autorité légitime, compétente, pour le conclure.

Cependant il n'en est pas toujours ainsi. Dans les pays autocratiques le droit appartient nécessairement au monarque qui est la seule autorité du pays. Dans les États libres à l'organisation représentative ou démocratique il appartient en général au chef de l'État, sauf pour certains traités l'approbation du Parlement.

Tout dépend en cette matière du droit public interne, de la constitution de l'État.

Avant d'étudier les constitutions des différents pays sur le point qui nous occupe nous tenons à dire pourquoi il serait à souhaiter que le droit de conclure fût attribué à la nation elle-même.

Le système opposé qui attribue ce droit au pouvoir exécutif mérite d'être critiqué parce qu'il est contraire aux principes rationnels du droit public et aux attributions souveraines des parlements modernes. Par les traités un État peut faire des sacrifices à un autre, aliéner les droits d'un peuple, lui imposer des obligations. C'est la nation seule, représentée par ses mandataires, qui doit avoir le droit de les conclure. L'exécutif ne peut imposer la moindre obligation à un individu sans l'intermédiaire d'une loi ; comment pourrait-il, de sa seule volonté, lier et dépouiller la nation (1) ? Cela paraît même contraire tout à fait au bon sens! Comment! Du caprice d'un monarque ou d'un premier ministre il pourrait résulter un acte international ruineux, peut-être, pour une nation ! Qu'on ne dise pas que la nation peut se tenir au courant des négociations par le moyen de certaines publications diplomatiques, que la voie des interpellations à la Chambre est toujours ouverte. Cette publication peut ne pas avoir lieu en temps opportun, et, même quand elle est faite, être entourée d'un certain mystère. Et qui ne sait que souvent les interpellations n'aboutissent pas à grande chose : le pouvoir exécutif est toujours libre d'user d'une certaine habileté pour triompher, de se retrancher derrière une raison d État etc. Et en fin de compte la nation se trouve impuissante devant un fait accompli.

Diverses personnes ont soutenu que cette prérogative doit appartenir au chef de l'État parce que les négociations diplomatiques ont besoin de réserve, de secret, de mystère enfin. C'est là un argument peu solide. La liberté moderne exige que toutes les affaires d'un peuple soient discutées au grand jour, et la dignité d'un État lui ordonne d'agir toujours honnêtement et loyalement. De plus, grâce aux moyens d'information que nous possédons aujourd'hui, grâce à ce progrès prodigieux de la presse, il est presque impossible en pratique de tenir secrète une négociation. Enfin les chambres pourraient décider, à la majorité des voix, que leurs délibérations seront, exceptionnellement, secrètes.

On a dit ensuite : 1° que les négociations exigent quelquefois une grande rapidité, et qu'une assemblée toujours divisée et souvent verbeuse y met obstacle ; 2° que les assemblées sont

(1) Berriat-Saint-Prix, *Théorie du droit constitutionnel français*, p. 188 et suiv.

mobiles, passionnées, changent trop souvent d'idées, s'emportent facilement, etc.; 3° que — comme cela est arrivé sous l'Empire — elles peuvent devenir entre les mains du pouvoir exécutif un simple instrument, par violence ou par séduction; 4° qu'enfin elles ne siègent pas toute l'année, parce que dans la plupart des pays la constitution ne les fait pas permanentes. Mais nous répondrons que si la promptitude voulue manque jusqu'à un certain point, cela ne peut être que dans l'avantage du pays toujours intéressé de ne pas s'obliger à la légère; que le chef de l'État ou les ministres peuvent être aussi mobiles, aussi passionnés, etc. que les chambres; que la violence ou la séduction sont des exceptions et qu'enfin, s'il y avait besoin urgent pour conclure un traité pendant que les Chambres ne siègent pas, rien ne s'opposerait à ce qu'on les appelle pour la circonstance. Il paraît ensuite évident que les assemblées composées de plusieurs centaines de personnes sont plus aptes à prendre des décisions heureuses qu'un seul ou quelques individus seulement.

Aux Etats-Unis le chef de l'État ne peut entamer des négociations sans avoir pris préalablement l'avis de l'un des pouvoirs législatifs.

Le prestige des principes et les intérêts de la nation exigent — croyons-nous — que les Etats du vieux continent adoptent au moins le système américain.

Comme nous l'avons dit plus haut, pour savoir quelle autorité a qualité pour traiter un nom d'un Etat il faut consulter la constitution intérieure de cet Etat. Ajoutons qu'on se trouve dans l'impossibilité de tracer à ce sujet des règles uniformes car les constitutions des différents Etats varient. Ce que nous pouvons faire c'est de les passer successivement en revue.

Nous commençons cette étude par la France. Nous analyserons, très rapidement, les dispositions relatives à notre sujet dans les diverses constitutions qui ont régi ce pays depuis la Révolution, et nous insisterons d'une façon toute particulière sur sa constitution actuelle.

Section première.

FRANCE

Période avant 1789. — Avant 1789 le roi n'était, en général, gêné par aucun contrôle; il réunissait tous les pouvoirs, faisait et défaisait les traités comme les lois. Quelquefois seulement il fallait l'intervention des Etats généraux, par exemple, lorsqu'il s'agissait d'une cession de territoire. Mais on ne peut pas dire au juste ce qu'il y avait de sérieux dans cette consultation. D'ailleurs les Etats étaient réunis par le roi, qui trop souvent s'en abstenait. A partir du XVIe siècle jusqu'à la Révolution ils n'eurent plus aucune autorité, et le pouvoir de conclure les traités, — comme tous les autres pouvoirs — appartenait au roi seul de la manière la plus absolue. Les traités les plus importants, comme ceux de Risswyk et d'Utrecht, ne furent soumis à l'approbation d'aucune assemblée.

Tout ce que nous venons de dire est la constatation d'un fait. Il se pose donc la question de savoir si les traités passés ainsi par le monarque dans la plénitude de sa puissance sont valables. Disons tout de suite que cette question ne présente pas le moindre intérêt pratique, car, qu'on décide dans un sens ou dans un autre, on se trouve dans l'impossibilité de réclamer le retour à la légalité ou l'anéantissement des choses qui appartiennent purement à l'histoire et qui ont été en grande partie transformées par divers évènements.

Ceux qui soutiennent la négative invoquent la non abolition formelle des lois fondamentales du royaume qui imposaient au roi l'obligation d'obtenir le consentement des Etats généraux pour certains traités. Il ne pouvait pas y avoir là, disent-ils, une abrogation tacite de ces lois, car cette sorte d'abrogation le droit français ne la reconnaît pas. Les Etats seuls avaient qualité pour abroger les lois qu'ils avaient faites. Qu'on ne dise pas que ces Etats n'existaient plus ; ils n'ont jamais été supprimés ; ils ont sommeillé seulement. Et la preuve en est qu'au bout de près de deux siècles on les a convoqués à nouveau comme institution ancienne.

Pour l'affirmative, on dit que les Etats n'étaient qu'une émanation de la nation, que celle-ci existait toujours, et qu'elle n'a point protesté contre les agissements royaux ; par conséquent elle a approuvé par son long silence des actes contestables à l'origine. Vattel est de cet avis : « Les Etats généraux, dit-il, sont abolis en France par non usage et par le consentement tacite de la nation. Lors donc que ce royaume se trouve pressé, c'est au roi seul de juger des sacrifices qu'il peut faire pour acheter la paix ; et ses ennemis traitent solidement avec lui. En vain les peuples diraient-ils qu'ils n'ont souffert que par crainte l'abolition des Etats généraux. Ils l'ont souffert enfin, et par là ils ont laissé passer entre les mains du roi tous les pouvoirs nécessaires pour contracter au nom de la nation, avec les nations étrangères.

Il faut nécessairement qu'il se trouve dans l'État une puissance avec laquelle ces nations puissent traiter sûrement. Un historien dit que *les lois fondamentales empêchent les rois de France de renoncer à aucun de leurs droits, au préjudice de leurs successeurs, par aucun traité, ni libre, ni forcé* (1). Les lois fondamentales peuvent bien refuser au roi le pouvoir d'aliéner ce qui appartient à l'État sans le consentement de la nation; mais elles ne peuvent rendre nulle une aliénation ou une renonciation, faite avec ce consentement. Et si la nation a laissé venir les choses en tel état qu'elle n'a plus le moyen de déclarer expressément son consentement, son silence seul dans ces occasions est un vrai consentement tacite. S'il en était autrement, personne ne pourrait traiter sûrement avec un pareil État; et infirmer ainsi d'avance tous les traités futurs, ce serait agir contre le droit des gens, qui prescrit aux nations de conserver les moyens de traiter ensemble et de garder leurs traités » (2). Oui, mais Vattel nous semble oublier complètement la maxime : *quod nullum est nullum producit effectum.*

Période depuis la Révolution jusqu'à la Constitution de 1875.

Nous quittons la période d'avant 1789 pour entrer dans celle qui s'est ouverte avec la Révolution Depuis cette époque il y a eu en France, grâce à divers événements politiques, une instabilité constitutionnelle comme on en voit rarement. En 84 années (1791-1875) on ne compte pas moins de neuf constitutions, dont deux seulement ont eu une durée un peu longue.

La Révolution revendique le droit du peuple aussi sur le point qui nous occupe.

(1) L'abbé de Choisy. *Histoire de Charles V*, p. 492.
(2) Vattel, *op. cit.*, III, p. 175.

La constitution du 14 septembre 1791 décidait qu'il appartenait au roi de signer tous les traités qu'il jugerait nécessaires au bien de l'État, mais sous réserve de la ratification du pouvoir législatif. Ainsi qu'il s'agisse d'un traité de paix, d'alliance, de commerce, ou d'une simple convention ayant un objet administratif, par exemple, sans aucune importance, le vote des représentants de la nation était indispensable (1).

Après la journée du 10 août 1792 la Royauté ayant été abolie et la République proclamée, la Constitution de 1791 n'avait plus raison d'existence. Elle fut remplacée par celle du 24 juin 1793. Relativement à notre matière il n'y a rien de changé si ce n'est qu'à la place du roi c'est le conseil exécutif de vingt-quatre membres qui négocie les traités, toujours avec l'obligation de les soumettre à la ratification du corps législatif (2).

Cette constitution, qui ne fut jamais mise en action, fut remplacée, à son tour, par celle de l'an III (22 août 1795). Ici nous trouvons le même système. Le Directoire a été substitué au conseil de vingt-quatre et le pouvoir législatif appartient à deux conseils, le conseil des Cinq cents et le Conseil des anciens (3).

Le coup d'État du 18 brumaire changea encore une fois la forme du gouvernement. Une nouvelle constitution fut faite : la Constitution de l'an VIII (13 décembre 1799). Elle attribue en général au gouvernement le droit de conclure les traités. Le pouvoir législatif n'intervient qu'exceptionnellement, seulement pour les traités de paix, d'alliance et de commerce « qui sont pro-

(1) V. Laferrière et Batbie, *Constitutions*, pour les constitutions de la France depuis 1791 jusqu'en 1852. Const. 1791, T. III, ch. IV, sect. III, art. 3.

(2) Constitution 1793, art. 70.

(3) Const. de l'an III, art. 331, 332.

posés, discutés et promulgués comme des lois ». En pratique, le premier consul était loin de vouloir soumettre — même exceptionnellement — sa conduite au contrôle d'un pouvoir quelconque. — Le sénatus-consulte du 16 thermidor an X (4 août 1802) modifia cette constitution en faveur de Bonaparte, nommé consul à vie. On lui reconnut le droit de signer et ratifier seul tous les traités; il n'y avait qu'une restriction, tout à fait insignifiante, à ce pouvoir absolu : la constitution lui imposait de prendre, pour la ratification des traités de paix et d'alliance, l'avis du conseil privé (1); garantie illusoire! car les membres qui composaient ce conseil étaient désignés par le premier consul. Celui-ci devait enfin, avant de promulguer un traité, en donner connaissance au Sénat. Mais le Sénat aussi était devenu un instrument docile entre ses mains.

En 1804, un nouveau sénatus-consulte organique institua l'empire français. Le premier consul devint empereur et avec lui le régime absolu, que l'on croyait condamné sans retour, réapparaît en France. Mais il y a ici quelque chose de curieux. En ce qui touche notre matière, l'empereur avait *théoriquement* moins de pouvoir que le premier consul Nous lisons en effet dans ce sénatus-consulte : « Le serment de l'empereur est ainsi conçu : je jure de maintenir l'intégrité du territoire de la République, de ne lever aucun impôt, de n'établir aucune taxe, qu'en vertu d'une loi (2). » Mais en pratique, la constitution était violée sans le moindre scrupule, le pouvoir législatif annihilé, l'autorité de l'empereur sans limites. Les décrets de l'empereur, datés des quatre coins de l'Europe, avaient remplacé les lois.

(1) S.-C. de l'an X, art. 58.
(2) S.-C. du 28 floréal an XII (18 mai 1804), art. 53.

Napoléon tombe à son tour, et l'ancienne royauté est restaurée. La charte du 4 juin 1814 contient des dispositions relatives aux traités qui ramènent la France à l'ancien régime. En effet, elle donne au roi seul le droit de les conclure (1). Il n'y avait d'exception que lorsqu'ils établissaient un impôt, car aucun impôt ne pouvait être perçu s'il n'avait été consenti par les deux Chambres. On lui a contesté cependant le pouvoir d'aliéner le territoire national, en disant que s'il ne pouvait disposer de la plus petite somme sans le concours du pouvoir législatif, il eût été ridicule de lui reconnaître « un droit autrement important et autrement dangereux. » Nous ne sommes pas de cet avis, car la charte est très nette à ce sujet ; nous n'y trouvons aucune disposition de laquelle on pût argumenter pour décider ainsi.

Le tempérament apporté au droit absolu du roi a été plus tard étendu aussi aux traités de commerce. Nous allons mentionner à ce propos une discussion parlementaire célèbre qui eut lieu en 1826, et qui eut pour conséquence de faire admettre que tout traité de commerce, prévoyant des taxes, ne serait plus mis en exécution qu'avec l'assentiment des Chambres, car les taxes de douane ont dans une certaine mesure un caractère fiscal. Or, pour tout impôt il fallait une loi.

A la date du 26 janvier 1826, la France avait conclu un traité de navigation avec la Grande Bretagne en vertu duquel tout navire français venant d'Angleterre était frappé en France d'un droit de navigation (2). Les ministres ne l'avaient pas présenté aux Chambres, ce n'est qu'une ordonnance royale, datée du 8 février, qui le sanctionna. M. Casimir Périer, dans la séance de

(1) Charte de 1814, art. 14, 48.

(2) De Clercq, *Recueil des traités de la France*, T. III.

la Chambre du 13 avril 1826, attaqua l'irrégularité de cette ordonnance. « Remarquez, disait-il, qu'il ne s'agit point ici d'une ordonnance qui peut être revoquée, mais d'un traité diplomatique en vertu duquel il est convenu qu'on soumettrait les navires français au droit de tonnage. Voilà une disposition tout à fait financière. La navigation française se trouve grevée d'un impôt en vertu d'un traité diplomatique. Je sais qu'au roi appartient le droit de faire des traités de commerce; mais toutes les fois qu'il s'agit dans ces traités d'une convention financière, les ministres sont dans l'obligation positive de les présenter aux Chambres. Si vous avez rendu par urgence l'ordonnance dont il s'agit, il était de votre devoir de venir la présenter aux Chambres. » Et M. Casimir Périer s'étonnait de ne pas voir dans le projet de loi sur les douanes, qui était à l'ordre du jour, quelques dispositions destinées à régulariser la perception du droit de tonnage qui s'opérait depuis peu de temps sur les navires français venant d'Angleterre. M. de Saint-Cricq, répondant à M. Casimir Périer, dit entre autres choses : « Je ne me hasarderai pas, quelque puisse être mon opinion personnelle, à traiter, en la qualité officielle que j'exerce à cette tribune, la haute question du droit des Chambres relativement à des actes de l'autorité souveraine, réservés au roi seul par l'article 14 de la charte. Je dirai seulement que je ne connais aucun président qui impose aux ministres le devoir de faire comparaître devant les Chambres les traités dont je parle. J'en connais un contraire, puisqu'un traité de navigation existe aussi depuis près de quatre ans avec les États-Unis, et que ce traité s'est accompli purement et simplement, sans aucune réclamation, par la seule force de sa promulgation. »

Le ministre ajoutait encore qu'il n'y avait pas là un impôt, mais tout le contraire une décharge ; et que les chambres n'avaient pas à intervenir (1). Mais il ne s'agissait point de l'utilité du traité, que personne ne contestait (2). Le fait était celui-ci : tout navire français venant d'Angleterre se voyait frappé d'un droit de navigation établi par une simple ordonnance, contrairement aux prescriptions formelles de la constitution qui exigeait pour tout impôt une loi. Le gouvernement invoquait en sa faveur la convention conclue avec les Etats-Unis, comme si les abus qu'il avait commis, et qui avaient échappé à la surveillance des chambres pouvaient passer en force de chose jugée, justifier sa conduite !

Un autre orateur, M. de la Bourdonnaye, critique aussi la conduite du gouvernement.

Nous demandons la permission d'insister sur ces débats qui sont le point de départ et l'origine d'une jurisprudence qui a toujours existé depuis en France. Le passage suivant du discours de M. de la Bourdonnaye mérite d'être relevé : « On est convenu qu'un impôt a été établi en France sur les navires français venant de l'étranger. On nous a dit que cet impôt était établi en vertu d'un traité. Je n'ai jamais vu dans la charte que ce fût en vertu des traités que nous fussions soumis à payer des impôts. Il faut pour cela le concours des trois branches du pouvoir législatif. Je vous le demande, messieurs ; je le demande à tous les magistrats qui font partie de cette chambre,

(1) Archives parlementaires, T. XLVII, p. 128 et suiv.

(2) Avant le 5 avril, jour de l'application du traité, un navire français de deux cents tonneaux, allant de Bordeaux à Londres par exemple, payait en Angleterre 2,626 francs et rien en France. En vertu du traité il payait en France 848 francs, auxquels il n'était pas soumis auparavant, et que continuait de payer aussi dans les ports français un navire anglais de même force ; le même vaisseau français ne supportait en Angleterre qu'un droit de 1,272 fr., comme tout navire anglais le supportait lui-même dans son pays. La charge actuelle était donc, au total, tant en Angleterre qu'en France, de 2,110 fr., au lieu de 2,576 qu'il payait avant la conclusion du traité en Angleterre.

si l'on venait à votre tribunal vous faire exécuter une contrainte contre un capitaine d'un vaisseau venant de l'Angleterre, qui se refusât à payer le droit, parce qu'il n'a pas été voté par la puissance législative, le feriez-vous payer, en vous fondant sur le motif que ce droit aurait été établi dans un traité? »

L'inconstitutionnalité du traité était donc évidente. Il ne restait au gouvernement que d'apporter à la chambre l'ordonnance en question pour qu'elle fût insérée textuellement dans les dispositions de la loi des douanes à l'ordre du jour.

Il est à remarquer que dans toute cette discussion, M. de Saint-Cricq a toujours nié que ce fut là une question d'impôt; s'il se fut agi donc d'un véritable impôt, le traité aurait été soumis aux chambres. C'est un point à noter. M. de Villele, ministre des finances, prit ensuite la parole pour parler dans le même sens que son collègue. « Ici se présente la grande question des traités, dit-il, il peut y avoir deux sortes de traités. Les uns bien faits et utiles au pays, et qui ne peuvent manquer de recevoir l'assentiment de la nation : les autres mal faits et onéreux au pays. Quant à ceux-ci, les chambres reprennent toute leur force pour attaquer ceux qui les ont faits. »

« Le traité dont il est question ne rentre pas dans la catégorie des traités onéreux au pays, contre lesquels vous pouvez vous élever. Si vous allez plus loin, vous sortez de la voie des libertés publiques; vous empiétez sur les prérogatives royales qu'il est de votre devoir de maintenir. Or, si l'article de la charte qu'on a cité dit qu'aucun impôt ne pourra être levé sans le concours des chambres, il est un autre article qui dit que les traités de paix et de commerce sont faits par le roi. Prenez garde aux conséquences qu'aurait l'amendement. C'est la question politique qu'on veut atteindre; on l'a déclaré. Messieurs, nous ne savons pas ce qui résultera des conséquences futures du développement des institutions que la charte nous a données; mais jamais on n'en avait tiré la conséquence qu'il fallait soumettre les traités de commerce aux chambres. Ce n'est pas aux conseillers de la couronne à venir immoler ici une des prérogatives royales devant une prétendue constitutionnalité. » Et à l'objection qu'un souverain étranger pourrait alors par un traité imposer aux français des subsides, le ministre répondait qu'un traité onéreux ne pourrait être exécuté sans le concours de la Chambre « Mais poser en principe, poursuivait-il, que tout traité de commerce qui amènera une modification quelconque puisse être attaqué sur les réductions comme sur les augmentations, et que ce traité doive vous être présenté, c'est dépasser la limite de vos droits. »

M. le général Sébastiani essaya de prouver aussi que le traité avec l'Angleterre établissait un impôt, qui ne pourrait être voté que par les chambres; que cet impôt a été établi par le fait d'une intervention étrangère, qu'il est une monstruosité dans l'ordre constitutionnel. Et il ajoutait que les députés ne sauraient prendre trop tôt des précautions pour qu'à l'avenir de pareils abus ne se renouvelassent plus. Il pria enfin la chambre d'adopter l'amendement que M. Casimir Périer avait proposé et qui était ainsi conçu : « Toutes les fois que le gouvernement aura usé de la faculté qui lui est concédée par la loi du 25 novembre ou celle du 17 décembre, relativement à la suspension ou à la modification du tarif des douanes, l'ordonnance relatera les lois sur lesquelles elle est appuyée, et sera soumise aux chambres pour être convertie en loi, non pas aux prochaines sessions, mais à l'ouverture de la session. » Cet amendement a été mis aux voix et rejeté. Le gouvernement triompha donc cette fois-ci; mais il se promit bien de ne plus commettre de pareilles fautes car on est obligé de les soutenir et d'avancer des propositions insoutenables. Ajoutons enfin que la chambre revint plus tard sur ce traité et vota, dans la séance du 18 avril de la même année, un amendement présenté par M. Mestadier, auquel s'était rallié M. C. Périer, et aux termes duquel les droits édictés par l'ordonnance du 8 février « seraient perçus à dater de la publication de la présente loi de finances, et non à partir du 5 avril, comme l'avait décidé l'ordonnance du 8 février. » On rentra ainsi dans la voie constitutionnelle.

Ainsi que nous l'avons dit, à la suite de cette discussion, une jurisprudence législative se forma, jurisprudence constante depuis, d'après laquelle les traités de commerce contenant des clauses douanières et pécuniaires rentraient, quant à leur exécution pratique, dans le domaine du pouvoir législatif.

Si nous passons maintenant à la charte de 1830 nous trouverons, relativement à la conclusion des traités, la même disposition que celle qui se trouvait dans la charte de 1814, et la jurisprudence législative établie en 1826 fut consacrée par les traités conclus par la France avec les Etats-Unis, la Belgique et la Sardaigne (1).

Avec l'avénement inattendu de la République de 1848 le terrain qui avait été perdu depuis 1791 est regagné. Dans la constitution votée le 4 novembre nous trouvons la disposition suivante : « Il (le président de la République) négocie et ratifie les traités. Aucun traité n'est définitif qu'après avoir été approuvé par l'Assemblée nationale » (2).

Mais la nation française ne jouit pas longtemps de cette constitution républicaine qui la rendait maîtresse absolue de ses destinées. En décembre 1851 eut lieu le coup d'État, et un mois après l'Empire fut rétabli, par la constitution du 14 janvier

(1) Charte de 1830, art. 13, 40.
(2) Constitution de 48, art. 52.

1852. La disposition de cette nouvelle constitution, concernant les traités, est à peu près la reproduction de celle qui se trouvait dans la charte de 1814 dont elle s'est inspirée.

L'Empereur pouvait faire seul les traités de paix, d'alliance et même de commerce (1). Pour ces derniers, afin qu'il n'y ait plus de trace de l'ancienne jurisprudence législative, Napoléon III réclama du Sénat un sénatus-consulte qui déterminât d'une façon nette ses attributions. Ce sénatus-consulte fut promulgué le 25 décembre ; il dit : « Les traités de commerce faits en vertu de l'article 6 de la constitution ont force de loi pour les modifications de tarifs qui y sont stipulées » (2).

De même que sous la charte de 1814 on a contesté au chef de l'État le pouvoir d'aliéner le territoire national sans le concours du pouvoir législatif, parce qu'une pareille aliénation c'est un acte « anormal et prodigieux » (3). Cependant l'Empereur résumait en lui la puissance publique, c'était l'Etat personnifié ; si l'article 6 ne mentionne que les traités de paix, d'alliance et de commerce, cela s'explique par cette considération que ce sont les traités les plus importants, et que le droit de les conclure embrasse le droit de conclure tous les autres (4). Du reste la constitution ne prévoit qu'un seul cas où le traité eût besoin de l'approbation des Chambres ; cette exception est relative à l'établissement d'un impôt grevant individuellement les Français (5).

On peut donc dire sans crainte que le pouvoir de l'Empereur

(1) Constit. de 185', art. 3.

(2) S.-C. 1852, art. 3.

(3) Arthur Desjardin. *De l'aliénation et de la prescription des biens de l'Etat*, p. 536 et suiv.

(4) Dufour. *Traité général de droit administratif appliqué*, I, p. 3.

(5) Const. 1852, art 39.

pour conclure les traités internationaux était absolu (1). Aussi Pradier Fodéré avait-il raison d'écrire à ce sujet : « L'article 6 de la constitution du 14 janvier 1852 est revenu aux errements de l'ancienne monarchie. D'après le droit public actuel de la France, l'indépendance de l'Empereur, dans ses rapports avec les gouvernements étrangers, n'est pas moins absolue dans son mode d'exercice que dans son principe. Maître de stipuler les traités internationaux, et chargé de pourvoir à l'exécution des actes qui les consacrent, l'Empereur jouit, pour accomplir cette double mission, d'un pouvoir qui échappe à toutes le prévisions et à toutes les entraves de la législation » (2).

Mais nous faisons remarquer qu'il y avait des cas où une loi était nécessaire *pour la mise en exécution* des traités, même sous la constitution et le sénatus-consulte de 1852. Le droit du souverain était alors rendu inefficace par celui du Parlement. Ainsi le 30 juin 1884 il était intervenu entre la France et la Suisse une convention concernant les rapports de voisinage et la surveillance des forêts limitrophes des deux pays (3). Il résultait de plusieurs articles de cette convention que les gouvernements des

(1) La Cour de cassation a toujours reconnu la validité des différents traités conclus par Napoléon III, si excessifs qu'ils aient été. V. notamment, Cassation, 30 janvier 1867 ; Paris 8 juillet 1870.

Cf. Jugement du 5 février 1874, trib. Seine.

Demange et : *Les dispositions des différents codes ne peuvent-elles être modifiées que par une loi, et non par un traité diplomatique*? Journal de droit international privé, année 1874, p. 107 et suiv.

(2) Pradier Fodéré, *en note sous Vattel*, op. cit. III, p. 179. V. aussi Gaudry. *Traité du domaine*, II, § 332.

(3) L'année 1864 a été très fertile en traités pour la Suisse dans ses rapports avec la France. Ces deux pays ont signé, à Paris, le 30 juin, les actes suivants : Un traité de commerce, un traité concernant l'établissement des Français en Suisse et des Suisses en France, une déclaration au sujet des passe-ports, une convention sur la propriété industrielle, artistique et littéraire, enfin une convention de voisinage.

deux pays contractants s'engageaient à punir ceux de leurs nationaux qui auront commis des délits et contraventions sur le territoire étranger. L'article 8, par exemple, disait : « Pour mieux assurer la répression des délits et contraventions qui se commettent dans les forêts, sur la frontière, les deux hautes parties s'engagent à poursuivre ceux de leurs ressortissants qui auraient commis ces infractions sur le territoire étranger, de la même manière et par application des mêmes lois que s'ils s'en étaient rendus coupables dans les forêts de leurs pays même ». Comme il s'agissait ici d'appliquer une peine à des français, cela ne pouvait se faire que par le pouvoir législatif. Aussi cette convention, quoique conclue en 1864, ne fut mise en vigueur que par une déclaration échangée à Paris le 22 août 1866, déclaration signée à la suite du vote de la loi du 27 Juin 1866 (1).

Un autre cas où le chef de l'Etat se vit obligé de s'adresser aux chambres est relatif à l'union monétaire latine de 1865, conclue entre la France, la Belgique, l'Italie et la Suisse. Une loi spéciale, du 14 Juillet 1866, fut rendue en France pour l'exécution de la convention qui établissait cette union. Il y avait besoin d'une loi parce qu'il fallait modifier le système monétaire qui avait été établi par une loi (2).

Vers la fin de son règne Napoléon voyant que la nation commençait à aspirer à la liberté se dépouilla du droit que lui conférait le sénatus-consulte de 1852. Dans la constitution du 21 mai 1870, que les événements ne permirent pas d'ailleurs de mettre en pratique, on avait ajouté un article sur la capacité de traiter, à côté de la reproduction de l'article 6 de la contestation de 1852, en vertu duquel « les modifications apportées à l'avenir à

(1) De Clercq. *Recueil*, T. IX, p. 608.
(2) id. p. 453 et 598.

des tarifs de douane ou de poste par des tarifs internationaux ne seront obligatoires qu'en vertu d'une loi (1) ».

Le 4 septembre 1870, après le désastre de Sédan, la monarchie disparaissait de nouveau et la République était proclamée. L'Assemblée nationale, réunie à Bordeaux, nomma M. Thiers chef du pouvoir exécutif par un décret ainsi conçu :

« L'Assemblée nationale, dépositaire de l'autorité souveraine,

Considérant qu'il importe, en attendant qu'il soit statué sur les institutions de la France, de pourvoir immédiatement aux nécessités du Gouvernement et à la conduite des négociations,

Décrète :

M. Thiers est nommé chef du pouvoir exécutif de la République française; *il exercera ses fonctions sous l'autorité de l'Assemblée nationale,* avec le concours des ministres qu'il aura choisi et qu'il présidera » (2).

Un acte postérieur de l'Assemblée prorogea les fonctions de M. Thiers et lui donna le titre de Président de la République française (3).

C'était donc l'Assemblée nationale qui concentrait tous les pouvoirs, le chef de l'État n'étant que son délégué. Par conséquent, tous les traités conclus depuis 1871 jusqu'à la mise en vigueur de la Constitution qui régit la France aujourd'hui ont dû être approuvés préalablement par cette Assemblée. Cependant, on en a conclu sans que cette condition ait été remplie. On s'est demandé alors quelle est la validité de ces traités. Il est évident qu'ils ne peuvent pas être valables. En effet, en l'absence d'un partage d'attribution, le Président de la République, nommé par une assemblée nationale souveraine, ne pou-

(1) Constitution de 1870, art. 14, 18.
(2) Résolution du 17 février 1871.
(3) Loi du 31 août 1871.

vait avoir que les fonctions essentielles à l'exercice du pouvoir exécutif. Or, le droit de conclure définitivement n'est pas un attribut nécessaire de ce pouvoir, puisque les constitutions républicaines le réservent, en général, au pouvoir législatif (1).

Nous arrivons ainsi à la Constitution actuellement en vigueur.

Constitution actuelle (loi du 16 juillet 1875).

Cette Constitution définit nettement les pouvoirs publics et indique le rôle de chacun d'eux. Les droits et les attributs de la souveraineté que possédait l'Assemblée nationale sont ici soigneusement répartis entre les différents organes du gouvernement.

Voici la disposition relative à notre sujet :

« Le Président de la République négocie et ratifie les traités. Il en donne connaissance aux Chambres aussitôt que l'intérêt et la sûreté de l'État le permettent. Les traités de paix, de commerce, les traités qui engagent les finances de l'État, ceux qui sont relatifs à l'état des personnes et au droit de propriété des Français à l'étranger, ne sont définitifs qu'après avoir été votés par les deux Chambres. Nulle cession, nul échange, nulle adjonction de territoire ne peut avoir lieu qu'en vertu d'une loi » (2).

Cet article s'est inspiré de diverses constitutions étrangères, surtout de celle de la Belgique. On s'aperçoit tout de suite en le lisant que la loi établit une règle et une exception. La règle est que le Président a le pouvoir de conclure les traités, c'est-à-dire de les négocier et de les ratifier, sous cette seule réserve

(1) M. Renault, *à son cours*.

(2) Loi constitutionnelle, sur les rapports des pouvoirs publics, du 16 juillet 1875, promulguée au *Journal officiel* du 18 juillet 1875, art. 8.

qu'il doit en donner connaissance aux Chambres, et l'exception : que certains traités ont besoin de l'approbation du Parlement, qu'ils ne peuvent être signés avant que cette approbation ait été obtenue.

Le législateur de 1875 prit ainsi le milieu entre le système de 1814 et de 1830 et le système de 1848 ; il ne voulut ni l'omnipotence du pouvoir exécutif, ni son envahissement par le pouvoir législatif, mais une départition raisonnable de pouvoirs entre l'exécutif et le législatif.

C'est là, en quelques mots, l'interprétation que nous donnons de l'article 8. Nous trouverons des dispositions analogues à celle de la loi française dans les constitutions de tous les pays étrangers qui connaissent le régime parlementaire, et toutes sont interprétées en ce sens que le chef de l'Etat a le droit de conclure tous les traités qui ne rentrent pas dans ceux pour lesquels l'approbation du parlement a été réservée.

On a donné cependant une autre interprétation de l'article 8 ; on a dit que l'énumération qu'il fait n'est pas limitative, qu'elle n'est donnée qu'à titre d'exemple, et que tous traités n'entrant pas immédiatement dans les catégories ne devaient pas échapper à l'approbation parlementaire. Cette approbation est exigée, soutient-on, toutes les fois qu'un traité crée « de nouveaux droits ou de nouvelles obligations pour les Français » (1).

Cette interprétation nous paraît bien singulière en présence d'un article si formel de la constitution ! Nous allons prendre un à un les arguments invoqués en sa faveur ; nous nous efforcerons de les réfuter, et nous espérons arriver à montrer le peu de fondement de ce système et à en consolider en même temps

(1) Clunet. *Du défaut de validité de plusieurs traités diplomatiques* : Journal de droit international privé, année 1880, p. 1 et suiv.

celui que nous croyons être le bon, et que nous venons d'exposer.

Nos adversaires invoquent, tout d'abord, en faveur de leur opinion, les explications du rapporteur de la constitution, M. Laboulaye. Ce sont ces explications, disent-ils, qui doivent indiquer la portée et l'esprit de l'article 8, et non pas une interprétation judaïque des textes. Voici en quels termes s'est exprimé le rapporteur : « L'article 8 a paru rédigé de façon incomplète ; la commission en a modifié le deuxième paragraphe. Nous reconnaissons au président le droit de négocier et de ratifier les traités. Nous admettons, suivant l'usage de tous les parlements, qu'il en doit donner connaissance aux Chambres aussitôt que l'intérêt et la sûreté de l'Etat le permettent. Nous le laissons juge des cas qui exigent le secret. Mais, conformément à la jurisprudence des pays libres, nous demandons que les traités de paix qui ne figurent pas dans le texte du projet ne soient définitifs qu'après avoir été votés par les deux Chambres. Nous y ajoutons les traités qui sont relatifs à l'état des personnes et au droit de propriété des Français à l'étranger. C'est ainsi qu'on l'a toujours entendu. On nous a soumis dernièrement des conventions d'extradition conclues avec la Belgique. Une commission examine en ce moment les capitulations d'Egypte, et les Chambres de l'Empire ont voté à diverses reprises des traités relatifs à la propriété littéraire et à la propriété industrielle. Nous croyons que c'est par omission que ces dispositions ne figurent pas dans la rédaction du gouvernement. » (1).

(1) L'art. 7 du gouvernement qui devint l'art. 8 du projet de la commission et du texte définitif de la constitution était rédigé de la façon suivante : « Le président de la République négocie et ratifie les traités. Il en donne connaissance aux chambres aussitôt que l'intérêt et la sûreté de l'Etat le permettent. Les traités de commerce et les traités qui engagent les finances de l'Etat ne sont définitifs

Il résulte de ces paroles que les rédacteurs de la constitution reconnaissent en matière de traités, comme sur les autres points, certaines attributions au chef de l'État, mais avec parcimonie; ils entendent que le *veto* du Parlement demeure toujours suspendu au-dessus des décisions de l'exécutif. Les exemples donnés par le rapporteur, exemples pris en dehors des catégories énumérées, indiquent la portée et l'esprit de l'article 8. « Cet esprit c'est qu'en somme aucun traité créant de nouveaux droits ou de nouvelles obligations pour les Français ne doit être soustrait à l'examen parlementaire. M. Laboulaye a parlé, à titre d'exemples, des traités relatifs aux capitulations, à la propriété littéraire, à la propriété industrielle; il aurait pu en citer d'autres (1). »

Avant de répondre à cet argument nous pouvons remarquer d'abord qu'il est impossible de supposer, ainsi que le fait l'honorable rapporteur, qu'il y a eu une pure omission dans le projet du gouvernement. Ce projet avait été inspiré et présenté par M. Dufaure, ministre de la justice, homme ayant une grande habitude des usages parlementaires et versé dans la science du droit constitutionnel. Nous y voyons, nous, non pas une omission, mais tout simplement une intention bien arrêtée de la part d'un parlementaire de la vieille école. M. Dufaure avait certainement modelé l'article 7 sur l'article 13 de la charte de 1830, en le mettant d'accord avec les nécessités présentes et en transformant en prescription ce qui n'était qu'une pratique.

Il nous semble un peu téméraire d'accorder aux paroles de M. Laboulaye, que nous venons de reproduire textuellement, une portée si large. Le savant professeur du collège de France, quoi-

qu'après avoir été votés par les deux chambres. Nulle cession, nul échange, nulle adjonction de territoire ne peut avoir lieu qu'en vertu d'une loi. »

(1) Clunet. *op. cit.*

qu'un esprit assez libéral, n'était pas moins conservateur. Il n'entrait donc pas tout à fait dans ses principes de restreindre jusqu'à ce point les attributions du chef de l'État. Et s'il ne proposait pas à ses collègues comme modèle les constitutions monarchiques de 1814 et de 1830, il était loin de s'inspirer des constitutions tout à fait républicaines et démocratiques comme celle de 48. Car soutenir que l'énumération de l'article 8 n'est pas limitative, c'est évidemment réduire le droit du pouvoir exécutif presqu'à rien.

Ensuite nous n'avons jamais pu comprendre comment peut-on tirer de ces paroles la conséquence que l'énumération dont il s'agit est énonciative et non limitative ! M. Laboulaye a-t il voulu faire autre chose que de proposer d'élargir la catégorie des traités qui ont besoin de l'approbation des chambres? Le deuxième paragraphe de l'article 7 du projet du gouvernement était incomplet; il ne prévoyait que les traités de commerce, les traités qui engagent les finances de l'État et ceux qui modifient le territoire. M. Laboulaye pense que ce ne sont pas là les seuls traités importants devant réclamer l'intervention du parlement; il y en a aussi d'autres, qu'il a soin d'énumérer, de limiter, et il propose à les placer sur la même ligne que ceux prévus par le premier projet. C'est ce que l'assemblée s'empressa de faire, c'est ce que nous trouvons dans le texte définitif de la constitution. Il y est fait un partage très net d'attributions entre le pouvoir législatif et le pouvoir exécutif.

De plus, nous trouvons une phrase dans le discours du rapporteur qui sert plutôt à notre système : « Conformément à la jurisprudence des pays libres, dit-il, nous demandons etc..... » Quels sont ces pays libres dont il était question? Ce sont, sans aucun doute, la Belgique, l'Italie, l'Autriche. Or, les constitutions de ces pays, qui avaient rompu avec l'ancien système, imposaient expressément au souverain de soumettre à l'approbation du Parlement une certaine catégorie de traités, et lui accordaient le droit d'en faire seul une autre catégorie. Quand on a rédigé l'article 8 on a eu certainement en vue ces constitutions. Ce qui le prouve surtout c'est qu'on s'est servi presque des mêmes formules pour prescrire le concours des chambres, de même qu'on visait les mêmes traités que ceux qui exigeaient des garanties analogues dans les pays étrangers.

Ce premier argument, tiré du passage du rapporteur, ne vaut donc rien. Nous nous trompons ; il vaut quelque chose : il constitue pour les personnes de bonne foi et sans parti pris un argument en faveur de notre système.

Il nous reste à ajouter, avant de passer au deuxième argument, que M. Laboulaye se trompait étonnamment lorsqu'il affirmait que les chambres de l'Empire ont voté des traités sur la propriété littéraire et industrielle. Jamais traité de ce genre n'a été soumis à leur approbation.

Le deuxième argument qu'on a invoqué pour soutenir que l'article 8 n'est qu'énonciatif est tiré de « l'interprétation vivante qui a été donné à cet article par le gouvernement lui-même, et en particulier par le département des affaires étrangères. » En effet le gouvernement à soumis à l'approbation du Parlement nombre de traités que l'article de la constitution ne vise pas nommément; ce sont les traités d'extradition. Cependant à s'en prendre à la lettre du texte constitutionnel, remarque-t-on, les traités d'extradition n'en avaient nullement besoin, car ils ne touchent ni à l'état des personnes, ni aux biens des Français à l'étranger ; si donc on les a soumis aux chambres c'est, évidemment, parce que l'esprit de la constitution l'exigeait. On en dit autant de l'arrangement de 1875 pour la Réforme judiciaire en Egypte.

Ce second argument est, selon nous, plus trompeur que valide, et en tout cas il n'est pas assez fort pour prévaloir contre un texte formel, surtout un texte constitutionnel.

Il est vrai que les traités d'extradition ont toujours été soumis aux Chambres. Mais, nous nous demandons, peut-on voir là raisonnablement autre chose qu'une pratique, qui n'a rien de commun avec la question de savoir si l'énumération de l'article 8 est énumérative ou limitative ?

Pour nous, cette pratique constitue, elle aussi, un argument plutôt en faveur du système que nous soutenons. En effet son origine se trouve dans la pensée que les traités d'extradition font partie des traités relatifs à l'état des personnes. Ceci résulte assez clairement de la discussion qui a eu lieu au Sénat, le 4 avril 1879, sur le projet que le gouvernement avait présenté pour obtenir une loi, relative à l'extradition des malfaiteurs. M. Buffet posait la question suivante : « Les traités d'extradition qui seront conclus entre la France et un gouvernement étranger après l'adoption de la loi actuelle devront-ils être soumis à la ratification du Parlement » ? Et il déclare qu'il était porté à répondre affirmativement, « car la loi constitutionnelle prescrit la ratification des traités d'extradition par application de la disposition ainsi conçue : *les traités qui sont relatifs à l'État des personnes et au droit de propriété des français à l'étranger ne sont définitifs qu'après avoir été votés par les deux Chambres* ». Et la majorité des sénateurs pensait ainsi. Le rapporteur de la loi et le garde des sceaux cependant ne voyaient pas dans les traités d'extradition des traités relatifs à l'état des personnes ou du moins la matière prêtait, pour eux, à l'équivoque. Et on se mit à discuter sur la signification de ces mots : *état des personnes*. Nous ne pouvons pas entrer sur les détails de cette discussion qui nous conduirait trop loin et nous ferait ainsi sortir de notre cadre. Ce que nous remarquons c'est que ni M. Buffet, ni aucun autre sénateur, n'y a point invoqué l'esprit de la constitution comme obligeant le gouvernement de soumettre à l'approbation des chambres des traités autre que ceux énumérés par l'article 8. On n'y a pas fait la moindre allusion à l'idée que l'énumération de cet article est énonciative et non limitative. C'est que personne au Sénat n'interprétait la disposition constitutionnelle sur les traités comme les défenseurs du système que nous repoussons. Autrement n'est-ce pas vrai que toute discussion sur le sens des mots eût été inutile, puisque la Constitution exige l'intervention du parlement « pour tous les traités créant de nouvelles obligations pour les français » ? (1).

Quant à l'arrangement concernant l'Égypte, on a dit la même chose : « Les termes de l'article 8 de la constitution n'exigeaient pas la sanction du Parlement pour la Réforme judiciaire en Égypte ; elle est intervenue cependant sous la forme de la loi du 17 décembre 1875. Il ne s'agissait ici ni de la propriété des Français à l'étranger, ni de l'état des personnes, puisque l'article 9 du règlement d'organisation réservait les questions de statut personnel, mais simplement d'organisation judiciaire, du pouvoir des consuls, toutes matières que ne prévoit pas la constitution. Mais tout le monde a compris cette fois, et le gouvernement le premier, la véritable pensée des auteurs de la constitution (2). »

Ici nous triomphons encore. Nos adversaires sont victimes d'une méprise. En effet la loi du 17 décembre 1875 est antérieure à la mise en vigueur de la règle constitutionnelle sur laquelle nous discutons (3). L'arrangement concernant la Ré-

(1). V. *Journal officiel* du 4 avril 1879.

(2). Clunet, *op. cit.* p. 17.

(3). Quoique la loi constitutionnelle, *sur les rapports des pouvoirs publics*, porte

forme d'Égypte devait donc être soumis à l'approbation des Chambres parce qu'on se trouvait encore sous l'empire de la loi du 31 août 1871 qui prescrivait cette approbation pour tout traité.

On invoque enfin, pour faire valoir une thèse opposée à la nôtre, les traditions du régime républicain. On dit qu'en 48 tous les traités devaient être approuvés par les Chambres, et que sous la troisième République il doit en être de même. Nous voudrions aussi qu'il en soit de même, mais la loi pose une règle bien claire qui dit tout à fait autre chose : « le Président de la République *négocie* et ratifie les traités, etc... »

Si le législateur avait voulu exprimer la même pensée qu'en 1848, il n'avait qu'à formuler cette autre règle bien simple : « Aucun traité n'est définitif qu'après avoir été approuvé par l'Assemblée nationale », et il n'était pas besoin de donner des exemples pour la faire comprendre ; le chef de l'État aurait su exactement quels étaient ses devoirs et le Parlement quels étaient ses droits. Il ne l'a pas fait ; et nous reconnaissons que la disposition de l'article 8 n'est pas conforme au régime républicain que le pays s'est donné, car la forme républicaine doit avoir pour effet de garantir à un peuple la faculté de rester maître exclusif de ses institutions et de ses destinées. Sur ce point, comme sur tant d'autres, la Constitution de 1875 mérite d'être critiquée. Mais cela empêche-t-il l'article 8 d'exister? « Il faut accepter les textes, dit M. Renault, comme ils sont, bien que leurs dispositions puissent ne pas répondre à telle ou telle tradition, à telle ou telle conception abstraite du régime consti-

la date du 16 juillet 1875, comme elle n'a pas été mise en vigueur aussitôt après sa promulgation, la période constitutionnelle ne date véritablement que du jour où les nouvelles chambres se sont réunies, en mars 1876 (Renault, *le Droit*, 26 mai 1880).

tutionnel. Ces textes n'ont pas été rédigés d'un seul jet, sous l'empire d'une idée unique; ils ont été souvent le résultat de transactions entre des idées très opposées (1). »

Ainsi les arguments qu'on a présentés pour soutenir que l'article 8 n'est pas limitatif, que tout traité, quoique n'entrant pas dans les catégories spécifiées par cet article constitutionnel, qui crée de nouveaux droits ou de nouvelles obligations pour les Français, n'est valide qu'après l'approbation des Chambres, étant dénués de valeur, il ne peut y avoir une autre interprétation de ce texte que celle que nous avons adoptée. C'est là l'opinion de plusieurs jurisconsultes qui ont étudié de près le sujet (2).

N'oublions pas de dire, en terminant, que les adversaires de notre système, pensant, peut-être, que leurs arguments sont facilement renversables, ajoutent qu'il est difficile, d'ailleurs, de trouver un traité qui ne rentre pas dans l'énumération de l'article 8. Nous répondrons que cela est inexact, et nous citerons comme exemples de traités que le chef de l'État peut faire seul : les traités politiques (3), les conventions sur les communications des actes de l'état civil, etc.

Nous en dirons autant même des traités d'extradition quoiqu'ils aient toujours été soumis aux chambres, car il y a, selon nous, erreur de les comprendre dans les traités qui sont relatifs à l'état des personnes. Il nous semble que ces derniers mots, en

(1). Renault, *le Droit*, numéro précité.

(2). MM. Renault et Jalabert, *à leurs cours;* M. Bozérian: *Le régime international des marques de fabrique*, numéro du 1er janvier 1880.

En sens contraire, voir notamment MM. Clunet, *op. cit.* et M. Pouillet: *La propriété industrielle, littéraire et artistique*, numéro du 15 avril 1880.

(3). Le traité de Berlin, de 1878, si important, n'a pas été soumis aux Chambres.

langage juridique, ne signifient pas autre chose que : nationalité, mariage, filiation (1).

Il nous reste à dire quelques mots maintenant des exceptions prévues par l'article 8. Doivent être soumis au vote des chambres :

1° *Les traités de paix.* — Cette exception s'explique facilement. L'article 9 de la loi du 16 juillet 1875 défend au président de la République de déclarer la guerre sans l'assentiment préalable des deux chambres. Par conséquent il faut aussi l'intervention des chambres pour faire la paix.

2° *Les traités de commerce.* — Car ils peuvent changer des droits de douane, imposer des taxes, etc. C'est la moindre chose dans une République. La monarchie elle-même s'est vue dans l'impossibilité d'en faire autrement, et l'Empire finit par renoncer au sénatus-consulte de 1852.

3° *Les traités qui engagent les finances de l'Etat.* — C'est là aussi une ancienne tradition monarchique de 1814 et de 1830. On était bien forcé de s'adresser aux chambres pour obtenir l'argent nécessaire à l'exécution des traités. Un exemple frappant est celui relatif à la convention du 4 juillet 1831, conclue par Louis-Philippe seul — comme il en avait le droit — avec les Etats-Unis, et qui ne put s'exécuter un moment à cause du refus du parlement de voter la somme de 25 millions pour indemniser les négociants américains qui avaient souffert de grandes pertes pendant les guerres du premier empire (2).

4° *Les traités qui sont relatifs à l'état des personnes.* — Il serait exorbitant que le chef de l'Etat pût modifier à son gré l'état des personnes. Un exemple tout récent de ce genre de traités est la convention conclue à Paris, le 29 juillet 1879, en-

(1). V. Fiore. *Traité de droit pénal international et de l'extradition*, II, p. 501.

(2). De Clercq, *Recueil*, T. 4, p. 111 et 302.

tre la France et la Suisse pour régulariser la situation des enfants français naturalisés suisses (1).

5° *Les traités relatifs aux droits de propriété des français à l'étranger.* — On s'est demandé s'il faut faire entrer dans cette catégorie les traités concernant la propriété intellectuelle, en d'autres termes, la propriété industrielle, littéraire et artistique.

Quant à nous, il ne devrait pas y avoir la moindre hésitation là-dessus. C'est justement pour cette sorte de propriété d'origine moderne, qui, sous des formes et avec des effets différents, est reconnue aux auteurs des œuvres littéraires, artistiques ou industrielles, que le droit international doit intervenir ; le droit commun est suffisant pour régler la propriété mobilière ou immobilière ordinaire. De plus, cela résulte des paroles de M. Laboulaye, rapporteur, qui, sur ce point, visait la constitution de l'Allemagne où il est expressément parlé de brevets d'inventions etc. Enfin, quand on emploie un mot sans restriction, il est évident qu'on veut lui donner son acception la plus étendue (2).

La France a conclu beaucoup de ces traités avec les nations étrangères sans que le parlement fût consulté. Cette pratique est illégale.

(1). De Clercq, XII, p. 407 et 409. Il y a certains pays, et de ce nombre est la Suisse, dont les lois n'admettent pas que les mineurs puissent avoir une autre nationalité que le chef de la famille.

Au contraire les lois ou la jurisprudence d'autres pays, comme la France, ne confèrent la naturalisation à un père de famille qu'à titre personnel, sans y comprendre les enfants. En conséquence les enfants mineurs d'un Français naturalisé Suisse étaient considérés comme Suisses en Suisse et comme Français en France ! On s'imagine facilement les conflits qui surgissaient fréquemment, surtout en ce qui concerne le service militaire. La convention dont nous parlons a eu pour but de mettre fin à ces difficultés.

(2). MM, Renault et Jalabert, *à leurs cours.*

6° *Les traités relatifs à l'échange et adjonction de territoire.* — Exception parfaitement justifiée. Là où les États-Généraux intervenaient sous l'ancien régime, les élus du suffrage universel devaient pouvoir intervenir aussi.

Il résulte de cette étude, très sommaire, des différentes constitutions qui ont régi la France depuis 1789 qu'à toutes les époques le pouvoir exécutif a été investi de la faculté de négocier et de signer les traités, sauf à demander l'approbation au pouvoir législatif, pour tous les traités, sous les constitutions de 1791, 1793, an III, 1848 et 1871, ou pour certains traités seulement, sous les autres constitutions.

Si nous passons maintenant à l'étranger nous verrons que le principe est à peu près le même.

Section II.

PAYS ÉTRANGERS

Allemagne.

La Confédération germanique de 1815 a été remplacée en 1866 par la Confédération de l'Allemagne du Nord, dont l'Autriche fut exclue, et en 1871 par l'Empire d'Allemagne, composé de divers États allemands.

La constitution de l'Empire porte la date du 16 avril 1871. Les *affaires communes* sont soumises à des règles communes, supérieures aux lois particulières de chaque État confédéré et qui s'appliquent à tous les habitants de l'Empire.

La surveillance exercée par l'Empire, et la législation d'Empire s'appliquent aux objets suivants : (affaires communes).

1° Les prescriptions relatives à la libre circulation, à l'indigénat et à l'établissement des membres de l'un des États de la Confédération dans un autre, au droit de bourgeoisie..... ;

2° La législation des douanes, du commerce et des impôts applicable aux besoins de l'Empire ;

3° Le système des mesures, monnaies et poids..... ;

4° Les prescriptions générales sur les banques ;

5° Les brevets d'invention ;

6° La propriété des œuvres de l'esprit ;

7° L'organisation d'une protection commune du commerce allemand à l'étranger, de la navigation..... ;

8° Les chemins de fer..... ;

Etc., etc. (art. 4) (1).

Le pouvoir législatif de l'Empire s'exerce par le Conseil fédéral (Bundesrath), composé des représentants des gouvernements des Etats faisant partie de la Confédération, et par la chambre (Reichstag), nommée au suffrage universel.

La présidence de la Confédération, Præsidium, appartient au roi de Prusse qui porte le titre d'Empereur. Celui-ci représente l'Empire dans les relations internationales, « conclut les alliances et les autres conventions avec les Etats étrangers. (2) » Mais lorsque les traités internationaux se rapportent aux matières communes à l'Empire, que nous venons d'énumérer « le consentement du conseil fédéral est nécessaire pour leur conclusion et l'approbation du Reichstag pour leur validité (3). »

Presque toutes les affaires communes, qui peuvent faire l'objet des traités, ayant un caractère économique nous pouvons

(1). Constitution allemande, traduite par P. Jozon : *Annuaire de législation étrangère*, 1re année (1872), p. 256 et suiv.

(2). Constitution allemande, art. 11, 1°.

(3). Constitution allemande, art. 11, 3°.

poser la règle suivante : En Allemagne, tous les traités sont de la compétence de l'Empereur; le Parlement n'intervient que pour les traités économiques.

C'est là ce que nous dit le texte de la constitution, mais en cette matière il faut prendre en considération aussi la pratique. Or, le chancelier de l'Empire, avec les allures dictatoriales qui lui sont si familières, a eu souvent recours à des procédés arbitraires, à des mesures dont la correction constitutionnelle est vivement contestée en Allemagne. En voici un exemple tout à fait récent.

L'été dernier il s'agissait de renouveler le traité de commerce hispano-allemand pour mettre le régime commercial des deux pays en harmonie avec les principes protectionnistes du tarif général allemand de 1879. Le Reichstag ayant déjà pris ses vacances, le traité qui avait été signé n'a pu être soumis à son approbation. Beaucoup de commerçants et industriels n'en étaient pas mécontents, car, paraît-il, ce nouvel accord diplomatique sacrifiait plusieurs branches d'industries aux intérêts exclusifs des grands propriétaires fonciers, presque tous conservateurs. Mais le chancelier, peu soucieux des droits du Parlement où son œuvre allait être vivement discutée, a fait décréter la mise en vigueur du traité hispano-allemand *à titre provisoire*, sauf ratification ultérieure du Reichstag.

Cette mesure a jeté une grande perturbation dans le marché allemand. En vain essaya-t-on de justifier l'acte de M. de Bismark en alléguant qu'il s'agissait dans l'espèce d'une simple mesure administrative ! On était tout simplement en face d'un acte inconstitutionnel. L'empereur le comprit. Aussi, à la suite des protestations unanimes contre toute dérogation aux textes des lois constitutionnelles, convoqua-t-il subitement le Reichstag en *session extraordinaire* pour discuter le traité.

Le Reichstag l'adopta et vota en même temps un bill d'indemnité, pour sa mise en vigueur anticipée et provisoire.

On rentra ainsi, forcément, dans la voie constitutionnelle (1).

Autriche-Hongrie.

Les lois fondamentales de l'Empire d'Autriche sont du 21 décembre 1867. Dans celle qui est relative à l'exercice du pouvoir gouvernemental et exécutif nous lisons : « L'Empereur conclut les traités politiques. Le consentement du Reichsrath est nécessaire pour la validité des traités de commerce et des traités politiques qui créent des charges pour l'Empire ou quelques unes de ses parties, ou des obligations pour les citoyens (2). » Et dans celle relative à la représentation de l'Empire : « Les matières suivantes sont de la compétence du Reichsrath : *a*) l'examen et la sanction des traités de commerce ou politiques qui entraînent des charges pour l'Empire, ou imposent des obligations à des citoyens, ou qui auraient pour effet un changement de territoire apporté dans les royaumes et pays représentés dans le Reichsrath.... etc. (3). »

Ainsi l'Empereur d'Autriche conclut seul tous les traités, même les traités de commerce. Il n'y a d'exception que pour ceux qui imposent des charges à l'État ou des obligations à des citoyens. Ceux-ci doivent être soumis au Reichsrath.

Depuis le compromis de 1867, renouvelé, non sans difficulté, en 1878, l'Empire austro-hongrois forme deux États distincts, ayant chacun un ministère et un Parlement. Dans cet Empire il

(1) V. *le Temps* du 31 août 1883.

(2) Laferrière et Batbie. *Constitutions d'Europe et d'Amérique*, p. 177 : Constitution autrichienne, art. 6.

(3) Idem, p, 168, art. 11.

y a certaines affaires qui sont communes au deux Etats et dont l'administration appartient aux délégations élues par les deux Parlements et à l'Empereur assisté d'un ministère spécial. D'après l'article 1er de la loi fondamentale du 21 décembre 1867, les affaires suivantes sont déclarées communes aux royaumes et pays représentés dans le Reichsrath et au pays de la couronne de Hongrie : les affaires militaires, les affaires financières et enfin les affaires étrangères, « y compris la représentation diplomatique et commerciale à l'étranger, *de même que les traités internationaux* (1).

A côté de la sanction du Reichsrath, pour les traités qui en ont besoin, il faut aussi celle de la diète hongroise.

Il nous reste à remarquer qu'en pratique, comme presque tous les traités entraînent des charges plus ou moins importantes, l'intervention du Parlement a lieu très souvent en Autriche-Hongrie.

Belgique.

La Constitution belge date du 7 février 1831. L'article 68 est ainsi conçu : « Le roi commande les forces de terre et de mer, déclare la guerre, fait les traités de paix, d'alliance et de commerce. Il en donne connaissance aux Chambres aussitôt que l'intérêt et la sûreté de l'Etat le permettent, en y joignant les communications convenables.

« Les traités de commerce et ceux qui pourraient grever l'Etat ou lier individuellement des Belges *n'ont d'effet* qu'après avoir reçu l'assentiment des Chambres.

« Nulle cession, nul échange, nulle adjonction de territoire

(1) V. Demombynes, *Constitutions européennes*, 1881, II, p. 152 et s.

ne peut avoir lieu qu'en vertu d'une loi. Dans aucun cas les articles secrets d'un traité ne peuvent être destructifs des articles patents » (1).

Il en résulte donc de cet article qu'en Belgique le roi a, en général, le droit de conclure les traités. Exception est faite pour les traités de commerce, *pour tous*, et pour ceux qui pourraient obliger l'Etat ou des particuliers. Nous disons *pour tous* pour marquer une différence avec l'Autriche-Hongrie où nous avons vu que seulement les traités de commerce entraînant des charges pour l'Etat ou imposant des obligations à des citoyens doivent être soumis au Parlement. Pour les modifications de territoire l'assentiment des Chambres ne suffit pas; il faut une loi, discutée et votée comme une loi ordinaire.

La portée de la disposition finale de cet article, si importante cependant, a échappé en 1839 à quelques membres du Parlement belge, grâce à un sentiment national trop accentué. Mais elle a servi, en même temps, pour écarter des difficultés sérieuses auxquelles donnait lieu l'application d'un autre article de la Constitution, l'article 3, qui dit : « Les limites de l'Etat, des provinces et des communes ne peuvent être changées ou rectifiées qu'en vertu d'une loi. »

Voici de quoi il s'agissait. — Le 23 janvier 1839 la conférence de Londres soumit à l'acceptation de la Belgique et de la Hollande un traité fixant les bases de séparation entre les deux pays. Elle cédait à la Hollande la moitié du Luxembourg et une partie du Limbourg. Un projet de loi, rédigé comme il suit, fut présenté aux chambres par le ministère belge : « Le roi est autorisé à conclure et à signer les traités qui règlent la séparation entre la Belgique et la Hollande, sous telles clauses, conditions

(1) Laf. et Batbie, *op. cit.* p. 74.

et réserves que sa Majesté pourra juger nécessaires ou utiles dans l'intérêt du pays. » On protesta contre ce projet et on souleva la question de sa constitutionnalité. Les adversaires soutenaient que la constitution ayant déterminé les parties constitutives de la Belgique, pour y apporter une modification il fallait les formes lentes et solennelles prescrites pour la révision du pacte fondamental, qu'il n'était pas permis au législateur ordinaire de dépasser les limites d'une simple rectification de frontières (article 3). Or il s'agissait dans ce cas de céder une portion notable du territoire national à une puissance étrangère.

Mais après des débats animés les chambres se prononcèrent en faveur de la légalité du projet; elles n'avaient pas oublié qu'à côté de l'article 3 il y avait aussi l'article 68 dans la constitution, qui parle non plus d'un simple changement dans les limites de l'État, mais de la cession, de l'échange et de l'acquisition d'un territoire (1).

On s'est demandé quel est le sens de ces paroles qui figurent dans la constitution belge : « Les traités de commerce et ceux qui pourraient grever l'État ou lier individuellement des Belges *n'ont d'effet qu'après avoir reçu l'assentiment des chambres.* » Quand on a fait la constitution on a pris pour base le système anglais, relativement à notre matière. Faut-il dire alors que, comme en Angleterre, le pouvoir exécutif a en Belgique le droit de signer et ratifier seul cette sorte de traités, et que l'intervention du Parlement n'est nécessaire que pour la mise en exécution? que pour faire sortir leurs effets?

Plusieurs auteurs belges décident ainsi (2). — Nous pensons, au contraire, que ces mots : « n'ont d'effet qu'après avoir reçu

(1) V. Thonissen. *La constitution belge annotée*, p. 4.
(2) Fooz. *Le droit public administratif belge*, I, 130.

l'assentiment des Chambres » ont la même signification que dans la Constitution française de 1875, veulent dire : ne sont définitifs qu'après avoir été votés par les deux Chambres.

Il nous semble que c'est bien là leur sens naturel. Ajoutons que la pratique constitutionnelle belge est en accord avec notre opinion.

Bulgarie.

Nous avons essayé de démontrer que la Bulgarie a le droit de conclure des traités sans demander l'autorisation de la Porte.

Quant à l'autorité gouvernementale compétente à cet effet, elle est, d'après la Constitution du 16 avril 1879, le prince avec le concours de l'Assemblée nationale (1). Mais la durée de cette constitution fut courte. Le prince Alexandre Ier, la jugeant trop démocratique, annonça qu'il lui était impossible d'accomplir sa mission et qu'il demanderait à une grande assemblée nationale, convoquée *ad hoc,* les pouvoirs nécessaires pour la modifier. A la vérité, il y avait un grand désordre dans la marche des affaires publiques. La situation s'aggrava davantage par les menaces d'abdication du prince, lorsque l'Assemblée nationale, réunie à Sistova, lui accorda, le 11 juillet 1881, des pouvoirs extraordinaires pendant sept ans. Usant de ces pouvoirs, le prince a déjà promulgué plusieurs lois organiques importantes.

On s'accorde à décider que la Constitution de 1879 est demeurée en vigueur dans toutes ses parties non encore abrogées par les lois constitutionnelles postérieures émanées du prince (2).

Nous ne sommes pas tout à fait de cet avis et nous croyons

(1) *Constitution bulgare,* traduite par F. R. Dareste : *Annuaire de législation étrangère.* 9e année (1880), p. 775, art. 17.

(2) F. R. Dareste. *Les constitutions modernes,* II, p. 17 (notice historique).

que du moment qu'on a accordé au prince d'aussi grands pouvoirs, il était libre d'agir comme s'il n'y avait point de Constitution. Ainsi il pouvait parfaitement bien conclure des traités internationaux comme si la Chambre n'existait pas en Bulgarie. Car à quoi bon avoir une représentation nationale quand on est libre de s'en dispenser?

Il est vrai que dans une proclamation, datée du même jour où il a reçu des pouvoirs extraordinaires, le prince, en remerciant le peuple bulgare de cette marque de confiance, fit la déclaration suivante : « Les droits du peuple énoncés dans la constitution restent ainsi la base de notre droit public. Chaque année, et dans les cas extraordinaires ce me sera un devoir agréable de convoquer les représentants du peuple pour discuter les questions ayant trait aux intérêts vitaux de la principauté. Particulièrement, dans les questions du budget, des impôts, du revenu et des dépenses de l'État, *dans les questions ayant un caractère international,* la voix décisive appartiendra à la représentation nationale. » Mais qui ne sait que des chefs d'État ont fait des déclarations encore plus solennelles, des serments même, et les ont très vite oubliés?

Cependant il faut être juste et ne pas classer déjà le prince Alexandre parmi ceux-ci. Il a renoncé au commencement de cette année aux pleins pouvoirs que lui avaient confiés la grande assemblée nationale de Sistova, et il a consenti au rétablissement de la constitution de 1879. Cette constitution restera en vigueur jusqu'à ce que la grande *Sobranié* ait délibéré sur les changements à y introduire (1).

(1) Voir à ce sujet le texte du discours prononcé par le prince de Bulgarie à l'occasion de la clôture de la session de la Sobranié, dans « *le Temps* » du 9 janvier 1884.

Danemark.

La loi fondamentale est du 28 juillet 1866. D'après ce texte le roi du Danemarck est investi de pouvoirs législatifs considérables. Il peut, en cas d'urgence, lorsque le Rigsdag (les deux Chambres) n'est pas assemblé, décréter des lois provisoires, pourvu qu'elles ne soient pas contraires à la loi fondamentale, et sous la condition qu'elles seront présentées au Rigsdag dans la session suivante.

Il déclare la guerre et fait la paix; il conclut et défait les alliances et les traités de commerce. Il n'a besoin du consentement du Parlement que lorsqu'il veut passer des traités cédant une portion de territoire ou lorsqu'il veut contracter un engagement qui change les conditions existantes du droit public (1).

Cependant depuis quelques années l'élément et les idées démocratiques se dessinent de plus en plus en Danemark, et il se pourrait que le roi leur fît quelques concessions importantes.

Espagne.

D'après l'article 54 de la constitution du 30 Juin 1876 le roi dirige les relations politiques et commerciales avec les puissances étrangères. D'après l'article 55, il conclut les traités; mais il doit être autorisé par une loi spéciale « pour aliéner, céder ou échanger une partie quelconque du territoire espagnol, pour incorporer un territoire étranger au territoire espagnol, pour ratifier les traités d'alliance offensive, de subside, de commerce

(1) Laf. et Batbie, *op. cit.*, 399, art. 18, 25.

et tous ceux qui peuvent obliger individuellement les Espagnols (1) ».

La constitution espagnole reproduit la disposition belge sur les traités secrets. Nous verrons que le voisin du roi d'Espagne, le roi du Portugal, avait des pouvoirs plus étendus, ainsi il pouvait sous l'empire de la constitution de 1826 faire seul, non seulement les traités d'alliance défensive; comme le roi d'Espagne, mais même ceux d'alliance offensive.

La loi constitutionnelle actuellement en vigueur en Espagne n'a fait que copier textuellement, en ce qui concerne la faculté de conclure les traités, celle du 23 mai 1845, rétablie le 15 septembre 1856.

Depuis 1845 il y a eu en Espagne une autre constitution que celles que nous venons de mentionner : la constitution démocratique de 1869, qui fut une des plus libérales de l'Europe. Et celle d'aujourd'hui n'est qu'un compromis entre cette constitution libérale et démocratique et les idées monarchiques qui ont contribué à la restauration du roi Alphonse XII.

Comme tout le monde l'a remarqué, les constitutions, les lois et les gouvernements se succèdent en Espagne avec une rapidité extraordinaire (2).

Grande-Bretagne.

On sait que la constitution anglaise n'existe point à l'état de loi écrite, c'est à-dire de statut fondamental organisant les pouvoirs de l'État et fixant les bases du droit public. Les institutions anglaises sont basées sur d'anciennes coutumes et des lois sécu-

(1) *Constitution espagnole*, traduite par C. Desfosses : *Annuaire de législation étrangère*, 6e année (1877), p 414.

(2) V. même Annuaire, *notice*, par M. Torrès-Campos, bibliothécaire de l'Académie de législation de Madrid.

\ires. En cela l'Angleterre s'écarte beaucoup des autres États européens.

« A aucun moment de leur histoire les Anglais n'ont jugé nécessaire ou opportun de présenter leur système politique sous la forme d'un acte solennel qui fût ou l'exposition de théories abstraites, ou la construction d'un nouvel édifice politique. Il existe bien, il est vrai, certains monuments historiques célèbres et dont chacun a marqué une étape dans la marche progressive des institutions anglaises : tels sont notamment la grande Charte des libertés, la Pétition du droit, le Bill des droits, l'acte *of settlement*. Mais il est à remarquer qu'aucun d'eux ne s'annonça comme l'établissement de quelque chose de nouveau ; au contraire, il y est répété, avec une instance parfois curieuse, que les droits et libertés (*rights and liberties*), dont la proclamation nouvelle a paru nécessaire, sont des droits anciens dont le peuple anglais a toujours joui (1). »

C'est donc dans les coutumes, dans les divers statuts, s'il y a, et surtout dans la pratique constitutionnelle, qu'il faut chercher des prescriptions sur tel ou tel sujet (2).

Le souverain représente la nation dans ses rapports avec les puissances étrangères, comme dans les autres monarchies. Il est admis qu'il déclare la guerre, conclut la paix, fait et défait les traités de paix, d'alliance et de commerce sans l'intervention du Parlement. Il n'a que l'obligation de porter à la connaissance de celui-ci, sitôt que l'intérêt et la sécurité de l'État le permettent, les traités conclus avec les puissances étrangères, de même que les documents nécessaires.

Ainsi son pouvoir est absolu; mais ceci en théorie seulement.

(1). Dareste. *Constitutions modernes*, I, p. 30.

(2). Laf. et Batbie, *op. cit.* p. 410. Ces auteurs ont recueilli et coordonné les dispositions les plus importantes éparses dans les statuts.

En pratique le traité n'est pas encore devenu loi du royaume : le souverain se trouve sous la dépendance du Parlement. En effet, les traités de commerce qui modifient des tarifs de douane, ceux qui modifient le territoire du royaume et des colonies, qui créent des charges pour l'État et les citoyens ou dérogent par quelques-unes de leurs dispositions aux lois et coutumes en vigueur, *ne peuvent avoir d'exécution* que s'ils ont été approuvés par un vote du Parlement.

En d'autres termes, un vote est nécessaire pour la mise en vigueur de toute stipulation internationale dont l'objet rentre dans le domaine propre du pouvoir législatif.

Nous nous demanderons, sous le chapitre V, quelle est la valeur d'un traité signé et ratifié par le souverain, comme il en avait le droit, si le Parlement refuse ainsi son vote.

D'ailleurs cela n'arrive presque jamais. En effet voici la situation du premier ministre en Angleterre ; de deux choses l'une : ou il a la confiance de la majorité, ou il ne l'a pas. Dans ce dernier cas il tombe aussitôt. Dans le premier il peut faire tout ce qu'il veut : le ministre, émanation de la majorité, est le maître absolu.

Ajoutons que, précisément à cause des grands pouvoirs du premier ministre, la pratique de s'adresser aux chambres pour l'exécution de certains traités n'a pas toujours été respectée. Ce qui eut lieu, par exemple, en 1864 : les îles Ioniennes furent cédées à la Grèce sans la participation du Parlement anglais. Mais d'un autre côté jamais le roi n'a dérogé à l'usage de donner connaissance au Parlement des affaires extérieures.

Grèce

L'article 32 de la constitution du 16 novembre 1864 attribue, en général, au roi le droit de conclure les traités, avec l'obligation d'en donner connaissance à la chambre des députés et de communiquer les éclaircissements nécessaires aussitôt que la sûreté et l'intérêt de l'État le permettent. Mais, comme dans plusieurs autres pays, « les traités de commerce et tous ceux qui pourraient grever individuellement les Hellènes *n'ont d'effet* qu'après avoir reçu l'assentiment de la chambre (1). » L'article 33 ajoute que, nulle cession, nul échange de territoire ne peut avoir lieu qu'en vertu d'une loi (2). »

Ces textes sont tout simplement la copie de l'article 68 de la constitution belge.

Nous trouvons dans la constitution grecque une autre disposition relative aux traités, disposition ainsi conçue : « tout traité renfermant des concessions qui nécessitent, d'après d'autres dispositions de la présente constitution, la sanction d'une loi aura besoin de l'assentiment de la chambre, » c'est-à-dire d'une loi. Ceci va de soi, et nous voyons là une règle générale, applicable dans tous les pays sans qu'il y ait besoin pour cela d'une disposition particulière dans le pacte fondamental.

Enfin il est prévu dans la constitution que « dans aucun cas les articles secrets d'un traité ne peuvent être destructifs des articles patents » (3).

Les motifs de cette restriction sont palpables. Elle est même inutile du moment que le roi doit communiquer tout traité à la Chambre.

Nous faisons la même remarque pour la Belgique dont la constitution renferme une pareille disposition.

(1). En Grèce il n'y a qu'une seule chambre, élue au suffrage universel.

(2). Laf. et Batbie, *op. cit.*, p. 524.

(3). *Constitution grecque*, art. 33, *in fine*.

Italie.

Constitution Sarde du 4 mars 1848, mise successivement en vigueur dans les provinces annexées et restée la constitution du royaume d'Italie.

D'après l'article 5, le roi « fait les traités de paix, d'alliance, de commerce et autres, en les portant à la connaissance des chambres tant que la sûreté et l'intérêt de l'État le permettent, et en y joignant les communications opportunes. Les traités qui entraînent une charge pour les finances ou une modification du territoire de l'État n'*auront pas d'effet* qu'ils n'aient obtenu l'approbation des chambres » (1).

On voit que de même qu'en Belgique, quelle que soit la nature du traité, le roi doit en donner connaissance aux chambres. — Mais le roi d'Italie a plus de pouvoir relativement à la conclusion des traités que le roi des Belges. Ainsi, en Belgique les traités de commerce ont toujours besoin de la sanction des chambres, tandis qu'en Italie ils n'en ont besoin que lorsqu'ils grèvent le trésor.

Remarquons que relativement aux mots : « n'ont d'effet etc. » la même discussion peut être soulevée que sur les termes de l'article 68 de la constitution Belge.

Monténégro.

Ce petit pays, indomptable, presque toujours en guerre avec la Turquie, n'a pas encore eu le temps de se donner une constitution. Il existait cependant avant 1879 une espèce de *compen-*

(1). Laf. et Batbie, p. 511.

dium, promulgué en 1855 par le prince Daniel, une sorte de constitution politique en même temps qu'un recueil de lois civiles et criminelles.

Ce code, composé de 93 articles, réalisait un immense progrès. Ainsi il y avait un sénat de 16 membres chargé de délibérer avec le prince sur les affaires publiques et ayant en même temps des attributions judiciaires (1). Le prince Nicolas I, qui règne depuis 1860, a supprimé en 1870 l'institution du Sénat et a créé un conseil d'Etat qui exerce, d'accord avec le souverain et ses ministres, le pouvoir législatif et le pouvoir exécutif. Mais au fond c'est la volonté du prince qui prédomine toujours car il a le droit de nommer la moitié des membres du conseil, l'autre moitié étant élue par « les habitants mâles du pays capables de porter les armes ». Du reste ils sont huit en tout !

Inutile, maintenant, de dire que le prince a un pouvoir sans limites de conclure les traités.

Norvège.

La Norvège et la Suède sont réunis depuis 1815 sous le sceptre du même roi. Sauf le souverain, ainsi que la communauté d'origine et de culte, ces deux Etats ont des frontières, des intérêts distincts, ils conservent chacun son gouvernement et sa législation avec Parlement et ministère séparés. Les questions qui touchent purement à la couronne sont réglées par des commissaires délégués par les deux Parlements. Les conseils des deux Etats se réunissent pour les nécessités du gouvernement *par in-*

(1). Les assemblées se tenaient dans une longue maison basse de la capitale, couverte en chaume et divisée en deux pièces : l'une était la salle des séances et l'autre servait d'écurie aux ânes et aux mulets qui amenaient les sénateurs de leur village !(V. Maurice Block, *Dictionnaire de la politique*, mot Monténégro).

terim et certaines délibérations à prendre en ce qui concerne la politique extérieure (1).

Le roi a sa résidence habituelle en Suède, mais il doit résider quelque temps chaque année en Norvège. Une régence, composée d'au moins cinq membres du conseil d'Etat, le remplace à Christiania depuis 1873. Avant 1873 la loi fondamentale autorisait le roi à se faire suppléer en Norvège par un vice roi ou un gouverneur.

Le roi a le droit de conclure et de rompre les traités. Lorsqu'il s'agit de la guerre ou de la paix il devra faire part de ses desseins à la régence, prendra son avis et se faire donner par elle un rapport détaillé sur la situation du royaume par rapport à ses finances et moyens de défense, etc. ; il devra de plus convoquer en séance extraordinaire le conseil d'Etat de Norwège, c'est-à-dire le conseil des ministres, pour connaître aussi son avis (2). Il aura ensuite le droit de prendre et d'exécuter la résolution qu'il jugera le plus utile pour l'Etat. Tout traité que le roi a conclu avec les puissances étrangères doit être communiqué au Parlement (*Storthing*), à l'exception des articles secrets, lesquels cependant ne devront point être destructifs des articles patents.

D'après la Constitution il appartient au *Storthing* d'établir les impôts, taxes, droits de douane et autres charges publiques, de faire les emprunts à la charge du royaume, de veiller sur les finances du royaume, etc. (3). Nous tirons de là la conclusion que les traités touchant aux finances de l'Etat et les traités de commerce qui prescrivent des textes ne sont valables qu'en vertu d'une loi. C'est la seule restriction importante, relativement à notre sujet, au pouvoir du roi.

(1). Demombynes. *Constitutions*, I, p. 132.

(2). *Constitution norvégienne*, § 26 : Laf. et Bathie, *op. cit.*, p. 372.

(3). id. § 75.

Sur d'autres matières aussi les constitutions de Suède et de Norwège accordent aux souverains de très grands pouvoirs. Mais, empressons-nous de le dire, ces droits royaux existent plutôt sur le papier que dans les faits. Le gouvernement norvégien est un des plus démocratiques de l'Europe.

Portugal.

Au chapitre II de la Charte constitutionnelle du 29 avril 1826 nous voyons que le roi dirige les négociations politiques avec les nations étrangères, fait les traités d'alliance offensive et défensive, de subside, de commerce, avec l'obligation de les porter, *après leur conclusion*, à la connaissance des cortès, et si la sécurité et l'intérêt de l'Etat le permettent. Si les traités conclus en temps de paix impliquent modifications de territoire du royaume ou de ses possessions ils ne seront pas exécutés qu'ils n'aient été approuvés par les cortès (1).

Ainsi il y avait d'après cette Charte un pouvoir presque absolu pour le roi à ce sujet.

L'approbation des chambres n'était nécessaire que dans un seul cas : la modification de territoire, et encore fallait-il que cette modification eût lieu par un traité conclu en temps de paix. Pendant la guerre le roi du Portugal avait donc le droit le plus absolu de traiter.

Cet état de choses a duré depuis 1826 jusqu'en 1852 époque où intervint un acte additionnel à la constitution ; l'article 10 de cet acte additionnel dit : « tout traité, accord et convention que le gouvernement passera avec quelque puissance étrangère sera, avant ratification, soumis à l'approbation des cortès en séance

(1). *Constitution*, art. 75. §§ 7, 8 : Laf. et Batbie, p. 488.

secrète. » Voilà donc le roi maintenant presque incapable. Il a toujours la faculté de négocier, mais aucun traité ne pourra être ratifié, ne sera obligatoire qu'après un vote des chambres. Et pour éviter toute divulgation compromettante pour le pays la séance des chambres sera secrète.

La constitution du Portugal diffère ainsi de toutes celles que nous avons étudiées jusqu'ici, en ce sens qu'il n'y a aucun traité pour lequel le concours du Parlement ne soit nécessaire. Nous allons rencontrer bientôt une prescription constitutionelle analogue dans un autre pays : la Roumanie.

Pays-Bas

L'article 55 de la loi fondamentale promulguée en 1815, modifiée en 1840 et en 1848, attribue au roi la direction suprême des affaires extérieures. Et l'article 57 ajoute qu'il « fait et ratifie les traités de paix et autres traités et conventions avec les puissances étrangères. » (1) Il doit les communiquer aux chambres dès que l'intérêt et la sureté de l'Etat le permettent. L'approbation des Etats généraux n'est exigée que pour les traités qui modifient le territoire du royaume en Europe ou dans les autres parties du monde et pour ceux qui concernent « les droits légaux » des citoyens.

Le pouvoir du roi des Pays-Bas est donc assez large.

Roumanie

Constitution du 30 juin (12 juillet 1866). Daus le chapitre II : *Du souverain et des ministres*, nous lisons, à la fin de l'article

(1). Laf. et Batbie, *op. cit.* p. 295.

93 : « Il (le prince (1) conclut avec les Etats étrangers les conventions de commerce, de navigation et autres de même nature ; mais pour que ces actes aient force obligatoire ils doivent être préalablement soumis au pouvoir législatif et approuvés par celui-ci. »

Ainsi en Roumanie l'intervention des chambres est toujours nécessaire; la forme du gouvernement représentatif a gagné sa cause contre les gouvernements absolus plus que partout ailleurs.

Elle peut être classée, sur ce point, parmi les pays républicains, la Suisse et les États-Unis. La nation roumaine ne pourra jamais se trouver engagée vis-à-vis des puissances étrangères sans son assentiment exprimé par l'organe de ses représentants.

La pratique est toujours restée fidèle à la théorie. Le pouvoir exécutif après avoir négocié le traité le soumet aux chambres; celles-ci nomment des commissions parlementaires pour l'examiner. Après un rapport, le traité, ou plutôt le projet, est discuté comme projet de loi ordinaire. Un vote a lieu ensuite. S'il est favorable, le pouvoir exécutif est autorisé à signer le traité ; s'il ne l'est pas, il sera obligé d'y apporter les modifications nécessaires, d'accord avec l'autre partie contractante, et de le présenter de nouveau au Parlement.

Ajoutons que quoique la constitution ne parle que des conventions économiques, la règle est la même pour toutes sortes de traités (2).

(1) Aujourd'hui le roi : loi du 26 mars 1883.

(2) Le roi Charles de Hohenzollern a été au mois d'août dernier en Allemagne où l appelait une fête de famille, le baptême du dernier né du prince Guillaume de Prusse, petit-fils de l'empereur. Des efforts furent faits à la cour de Berlin pour décider le roi de Roumanie à s'associer à l'alliance germanique. A son retour dans le pays, il s'arrêta à Vienne. Ici de nouveaux efforts, ayant le même but

Russie.

Il n'y a jamais eu en Russie une constitution, dans le sens que l'on attache généralement à ce mot, ni écrite, ni même transmise et maintenue par la tradition et les mœurs. — Le tsar fait et défait les institutions politiques à sa guise.

Dans ce pays donc, où le principe fondamental du gouvernement a toujours été et est encore à la fin du XIXe siècle, siècle de progrès et de civilisation, une *autocratie pure*, où l'on ne cesse jamais de répéter en tête des lois — malgré la plaie du nihilisme — la fameuse formule : « *L'Empereur de toutes les Russies est un souverain autocrate et absolu* », avons-nous besoin de dire à qui est attribué le droit de conclure les traités ?

Serbie.

La constitution serbe du 29 juin (11 juillet) 1869 confère au roi un droit presque absolu de conclure les traités internationaux (1). Ce n'est que lorsque leur *exécution* entraîne une dépense à la charge du trésor ou un changement des lois existantes que l'assentiment de l'Assemblée nationale (Skoupchtina) doit nécessairement être obtenu (2). Garantie tout à fait illusoire ; car un tiers des membres de la Chambre est désigné par le roi (3).

de la part de l'Autriche. Mais partout le souverain roumain fit la même réponse, savoir qu'en sa qualité de roi constitutionnel il ne saurait en aucune façon engager, par un accord quelconque, la politique de son pays sans la participation de ses conseillers et de la nation.

(1) *Constitution serbe* annotée par Ubiciniul, art. 8.

(2) En Serbie il n'y a — comme en Grèce et en Bulgarie — qu'une seule chambre.

(3) Nous disons *le roi* et non le prince, parce que tout récemment (le 22 février,

Sùède.

Ainsi que nous l'avons déjà dit, la Suède et la Norwège sont réunies depuis 1815 sous le sceptre du même souverain.

La loi fondamentale sur la forme du gouvernement, du 6 juin 1807, modifiée en 1866, attribue au roi le droit de conclure les traités avec les puissances étrangères, sous les conditions suivantes : il doit entendre préalablement « le ministre d'Etat et des affaires étrangères et un autre membre du conseil appelé à cette occasion », et pour les traités relatifs à la guerre ou à la paix il doit demander l'avis de tous les ministres (1). Mais ces avis, la constitution a soin de le dire, ne lient nullement le roi qui pourra prendre et exécuter la décision qui lui plaira ; il n'y a donc là qu'une simple formalité.

Toutefois aucun traité relatif aux finances de l'Etat ne peut être conclu sans l'assentiment de la diète. — Enfin la constitution déclare *inaliénable* toute parcelle du territoire suédois (2). En Norwège, au contraire, une aliénation pareille est possible avec le consentement du Parlement.

Suisse.

Sous l'Empire de la constitution de 1874 les cantons suisses n'ont plus qu'une souveraineté extérieure nominale. L'idée de centralisation, de former une confédération plus unie et plus

6 mars 1882) la Skoupchtina prenant l'exemple de la Roumanie, a proclamé l'érection de la principauté de Serbie en royaume de Serbie. Par conséquent le prince a pris le titre de Milan Ier roi de Serbie.

(1) *Constitution* §§ 11, 12, 13. Laf. et Batbie, *op. cit.* p. 321.

(2) *id.* §§ 76, 78, 79.

compacte fit porter atteinte à leur indépendance jusque là presque absolue. Mais tout en resserrant davantage le lien fédéral entre les cantons, la nouvelle constitution consacra et développa les institutions démocratiques de la constitution précédente, de 1848 (1).

Comme nous avons eu l'occasion de le voir, en Suisse, c'est la Confédération, c'est-à-dire l'assemblée fédérale, qui a seule le droit de déclarer la guerre et de conclure la paix ainsi que de faire des alliances et des traités. Exceptionnellement, les cantons conservent le droit de conclure avec les États étrangers des traités sur des objets concernant l'économie politique, les rapports de voisinage et de police, pourvu qu'ils ne contiennent rien de contraire à la Confédération ou aux droits d'autres cantons (2).

Qu'il s'agisse d'un traité international concernant la Confédération ou d'un traité relatif à tel ou tel canton, c'est toujours par l'intermédiaire du conseil fédéral qu'il est conclu (3), car c'est le conseil fédéral seul qui représente à l'étranger la Confédération

(1) Il est regrettable que, par la votation populaire du 18 mai 1879, la démocratique Suisse ait abrogé l'article 15 de la constit. qui abolissait la peine de mort. On a ainsi rétabli l'ancien article de la constitution précédente qui n'abolissait cette peine qu'en matière politique. C'est là l'unique modification qu'a reçu depuis sa promulgation la constitution de 1874.

(2) *Constitution* de 1874, art. 9. *Annuaire de législation étrangère*, 4e année (1875), p. 450.

(3) Le conseil fédéral correspond au conseil des ministres de France, c'est le pouvoir exécutif. Il est présidé par le président de la Confédération, qui ne peut être comparé au président de la République française. En effet il n'est en réalité qu'un président élu d'un conseil de ministres également électifs. Ce n'est pas lui qui nomme et révoque les ministres, qui représente personnellement la nation à l'étranger, qui accrédite les ambassadeurs etc., comme le président français ; d'autre part il peut assister aux séances de l'assemblée (V. Demombynes, *Constitution*, II, p. 207, note).

et les cantons. Toutefois les cantons peuvent correspondre directement avec les autorités inférieures d'un Etat étranger lorsqu'il s'agit des objets ci-dessus mentionnés (1).

Nous avons vu aussi que les cantons ont le droit de conclure entre eux des conventions sur des objets de législation, d'administration ou de justice, à la charge de les communiquer à l'autorité fédérale qui doit coopérer à leur exécution si — toujours — elles ne renferment rien de contraire à la Confédération ou aux droits des autres cantons, dans lequel cas l'autorité fédérale est autorisée à en empêcher l'exécution.

L'autorité compétente pour conclure ces traités intercantonaux, qu'on appelle *concordats*, est déterminée naturellement par la constitution de chaque canton ; généralement c'est le pouvoir exécutif avec le contrôle d'une Assemblée. Ainsi, la constitution du canton de Genève, du 24 mai 1847 prescrit qu'ils doivent être soumis au *grand conseil* (élu par le suffrage universel) « qui les accepte ou les rejette » ; celle du canton de Zurich, du 31 mars 1869, contient une prescription analogue. D'autres constitutions sont plus exigeantes; elles attribuent ce droit exclusivement à l'Assemblée du canton; fait partie de ce nombre la constitution du canton de Berne, du 31 juillet 1846. Enfin il y en a qui dispensent le pouvoir exécutif de demander l'approbation à l'Assemblée du pays de traités peu importants; nous citerons comme faisant partie de cette catégorie la constitution du canton, ou plutôt du demi-canton d'Appenzel. — Il est à remarquer que cette dernière constitution, du 15 octobre 1875, exige, au contraire, pour les traités d'une certaine importance, non l'approbation d'un grand conseil ou d'une assemblée locale, comme celle des autres cantons, mais leur confirmation par

(1) *Constitution*, art. 10.

l'*Assemblée Générale des habitants du pays* qui sont électeurs (*Landsgemeinde*).

Nous ajouterons, en terminant, que les traités intercantonaux ne sont portés à l'assemblée fédérale que lorsque le conseil fédéral ou un autre canton élève des réclamations (1). Dans le cas contraire l'approbation du conseil fédéral suffit (2).

Turquie.

De même que la Russie, la Turquie est une monarchie absolue. Aucun contrepoids n'existe à l'autorité du gouvernement du sultan. Cependant sous la pression des puissances, depuis 1839, elle a tenté et accompli quelques réformes sur le terrain politique et administratif. Les tentatives de réforme avaient lieu surtout après la menace de guerre avec son ennemie séculaire, la Russie. En 1876, les puissances européennes lui firent beaucoup de remontrances à propos de nouvelles réformes qu'elle avait oublié d'accomplir. Alors le sultan Aabd-ul-Hamid II annonça la préparation d'une véritable constitution. Le texte en fut élaboré et un Khatt impérial, en date du 23 décembre 1876, la promulga (3). On tira des coups de canon à Constantinople ! Grand étonnement en Europe.

La constitution établissait un Parlement composé d'un Sénat

(1) *Constitution suisse*, art. 85, § 5.

(2) *id.* art. 102, § 7.

(3) Un *iradeth* du mois de janvier 1877 a érigé l'anniversaire de ce jour en fête nationale (V. Ubicini, *La constit. ottomane*, trad. et expl., 1877).

(4) Dareste. *Constitutions modernes*, v. notice historique, II, p. 339.

et d'une Chambre des députés. L'ouverture de ce premier Parlement ottoman eut lieu le 19 mars 1877. Mais cet essai de gouvernement constitutionnel fut rendu illusoire par la guerre avec la Russie, qui éclata le mois suivant (24 avril 1877). L'exécution de la constitution ottomane reste depuis suspendue. D'ailleurs, quant à notre sujet, le pouvoir absolu du sultan n'était nullement restreint par cette constitution. En effet l'article 7 donnait au sultan « le droit absolu de conclure les traités internationaux. »

États-Unis d'Amérique.

Constitution du 17 septembre 1787 (1).

Il y a aux États-Unis un *congrès* composé de deux chambres : la *chambre des représentants*, élue par le suffrage universel ; le *Sénat*, dont les membres sont élus à raison de deux par État, par la législature particulière (sénat et chambre) de chacun des États. La compétence est limitée aux affaires réputées fédérales par la constitution.

Le pouvoir exécutif est exercé par le Président des États-Unis. Il a le droit de faire des traités, de l'avis et du consentement du Sénat, *pourvu que les deux tiers des sénateurs présents y donnent leur approbation* (2). Les traités de commerce avec les nations étrangères, entre les divers États et avec les tribus indiennes étant classés parmi les affaires fédérales, sont de la compétence du congrès, c'est-à-dire qu'à côté du Sénat il faut

(1) Laf. et Batbie, *op. cit.* p. 557.
(2) Art. 2, sect. II, § 2 de la constitution.

aussi l'intervention de la Chambre (1). De même il faut une loi pour tout traité qui impose à la Fédération des charges pécuniaires (2). Enfin une loi est nécessaire aussi pour toutes stipulations internationales concernant des modifications de territoire (3).

Ainsi le Président des États-Unis ne peut faire seul aucun traité, il lui faut au moins l'avis, préalable, des deux tiers des membres du Sénat. On a soutenu qu'il peut consulter le Sénat n'importe à quelle époque des négociations, qu'il peut stipuler sous la seule réserve de l'approbation de ce corps et lui soumettre, après seulement, l'état de l'affaire (4). Souvent en effet on a agi de la sorte. Mais ce n'est pas là la voie constitutionnelle, car la constitution est claire : elle veut que le Sénat ne joue pas un rôle plus ou moins passif, qu'il donne son avis, son conseil au Président avant le commencement de toute négociation.

Ici finit la pérégrination que nous avons entreprise dans les pays étrangers pour savoir à quelle autorité appartient le droit de conclure les traités internationaux.

Nous sommes arrivé en résumé au résultat suivant :

Il y a des pays où le chef de l'État est omnipotent, il décide comme il l'entend du sort de son peuple. Il y en a d'autres — et c'est la majorité — où il a un pouvoir beaucoup moindre ; le Parlement est appelé à donner son approbation aux traités qui touchent aux intérêts les plus graves d'un peuple, comme ceux

(1) Art. 1, sect. VIII, § 3.

(2) Art. 1, sect. IX, § 6.

(3) Art. 4, sect. III, § 2.

(4) Ruttiman. *Des nordamerikainsche Bundesstaatsrecht*. p. 294, cité par Loghi, *Teoria dei trattati internazionali*, p. 65.

se rapportant à son commerce, à son territoire, à ses lois etc. Enfin nous avons rencontré certains pays dont les constitutions sont encore plus jalouses des libertés du peuple, plus méfiantes du pouvoir exécutif, et qui exigent toujours l'intervention du Parlement dans les accords internationaux.

Nous souhaitons que ce qui constitue aujourd'hui une exception devienne, avec le temps, la règle générale.

Maintenant nous classerons les pays dans l'ordre suivant :

1° Pays où le droit du souverain est absolu : Monténégro, Russie, Turquie ; ou presque absolu : Bulgarie, Serbie.

2° Pays où le Parlement n'intervient que dans une mesure très restreinte : Allemagne, Danemark, Pays-Bas, Suède.

3° Pays où il intervient presque toujours : Angleterre, Autriche-Hongrie, Belgique, Espagne, France, Grèce. Italie, Norwège.

4° Pays où son intervention est toujours nécessaire : Etats-Unis, Portugal, Roumanie, Suisse.

Nous avons vu aussi qu'il y a certains pays dont les constitutions imposent au chef de l'État de donner connaissance aux chambres de traités qui cependant n'ont pas besoin de leur approbation, aussitôt que la sûreté et l'intérêt de l'Etat l'exigent, et de communiquer les éclaircissements nécessaires ; c'est au chef de l'Etat à choisir le moment opportun pour cela.

Dans d'autres pays cette obligation n'existe pas. Ceci est très regrettable car une nation a toujours grand intérêt à connaître aussitôt que possible la loi qui règle ses rapports avec une autre nation.

On peut encore les classer à ce deuxième point de vue ; ainsi font partie de la première catégorie : l'Angleterre, la Belgique, la France, la Grèce, l'Italie et les Pays-Bas. Et de l'autre catgorie : l'Allemagne, l'Autriche-Hongrie, le Danemark, l'Espagne, la Norwège et la Suède.

Enfin tandis que dans deux pays : l'Angleterre et la Serbie, l'intervention du Parlement est nécessaire pour la mise en exécution des traités, dans tous les autres pays elle est nécessaire pour leur validité même.

Capacité du gouvernement de fait. — Les constitutions que nous avons passées en revue accordent donc toutes le droit de conclure les traités au souverain, au pouvoir exécutif, sauf que ce droit est souvent limité par le principe de la division des pouvoirs et par les attributions accordées par ces constitutions au Parlement.

Pour que ce pouvoir exécutif soit apte à cet effet il faut naturellement qu'il existe ; mais ce n'est pas assez : il faut de plus qu'il soit reconnu par l'État qui veut traiter avec lui.

Dans l'état normal d'un peuple il ne peut y avoir là aucune difficulté : il existe toujours une personne désignée par la constitution pour conclure les traités. Mais il en est autrement lorsqu'une nation traverse une crise politique, lorsqu'elle se trouve, par exemple, en révolution. Alors l'autorité change souvent et n'inspire pas assez de confiance ou est antipathique aux puissances étrangères. Quel est dans ce cas le chef légitime de l'État ? quels sont ses pouvoirs ? Peut-il représenter et obliger la nation ? Ce sont là autant de questions auxquelles les faits donnent des solutions variables. Il est évident d'abord que l'État envisagé comme personne internationale, ne cesse point d'exister. Le changement de gouvernement, ni la révolution la plus violente n'empêchent pas qu'il y ait toujours une nation circonscrite dans un territoire et prête à le défendre. Mais à cet État il faut un représentant dans les rapports extérieurs. Quel est ce représentant dans un pareil moment ? C'est évidemment le gouvernement qui a de fait la direction des affaires (*qui actu regit*) et non pas celui qui prétend seulement avoir le droit de gouverner Du moment qu'il y a une autorité c'est tout ce qu'il faut. Les États étrangers ne peuvent demander autre chose, et ne pourraient sans violer le principe de non-intervention rechercher si ce gouvernement est ou non légitime. On doit le prendre comme il est, le reconnaître si l'on veut, et c'est tout. Il ne faudrait point avoir en vue, comme c'est la pratique presque générale aujourd'hui, si le nouveau gouvernement présente suffisamment de garantie de stabilités, si son autorité sur le pays est assez étendue ou si l'ancien a des chances de se relever. « Celui qui arrive au gouvernement d'un pays, dit Bluntschli, est par suite considéré comme l'organe et le représentant de l'État. On peut conclure avec un usurpateur victorieux et reconnu par son pays des traités obligatoires (1)».

Nous trouvons dans l'histoire plusieurs exemples qui sanctionnent ce principe. En voici quelques uns. Les États européens ont conclu des traités obligatoires avec Cromwel, avec le roi Charles II, avec le roi Guillaume III; de même avec le Directoire français, avec Napoléon I, avec Louis XVIII, avec Louis-Philippe, avec la République française de 1848, avec Napoléon III, avec le gouvernement de la Défense nationale.

Par une circulaire, en date du 25 mars 1825, le gouvernement anglais constatait l'usage général des États européens d'entrer en relation avec les gouvernements *de facto*.

M. de Bismarck, lui-même, reconnaît au gouvernement de fait la faculté d'entretenir des rapports diplomatiques. Cela résulte d'une dépêche de Versailles (16 janvier 1871) adressée à M. Jules Favre, par laquelle il exigeait, pour la reconnaissance par l'Allemagne du gouvernement de la Défense nationale et du droit de celui-ci de représenter la France à l'extérieur, que

(1) Bluntschli. *Le droit international codifié*, art. 117. Heffter. *Droit international*, § 49.

ce gouvernement « soit tout au moins reconnu par la nation française elle-même ».

Avons-nous besoin maintenant d'ajouter qu'on ne peut pas conclure avec un prince détrôné ou un prisonnier des traités obligatoires pour l'État? La souveraineté est inhérente au fait de l'exercice du pouvoir suprême. « Celui qui n'est plus souverain, dit encore Bluntschli, étant hors d'état de gouverner, ne peut plus représenter l'État ». Ainsi Jacques II après sa déchéance, sous forme d'abdication acceptée, ne pouvait plus représenter le pays; les Bourbons pendant leur exil, ou des princes italiens et allemands chassés de leurs États, non plus. Quand Napoléon était captif en 1870, il n'était plus fondé à représenter la France, pas plus que l'impératrice Eugénie, après sa fuite en Angleterre, quoiqu'elle fut investie de pleins pouvoirs comme régente. « Si l'on admet que les princes détrônés n'ont pas encore perdu leurs droits et doivent, suivant les circonstances, être restaurés, leur droit de représentation devra rester suspendu aussi longtemps qu'ils ne pourront pas, de fait, exercer le gouvernement. Il serait absurde de prétendre qu'un peuple pût être lié par les actes d'un prince qui ne possède aucun pouvoir sur ce peuple et est incapable d'assurer l'exécution de ce qu'il a promis (1). »

On se rappelle que. pendant la guerre de 1870-71, la Prusse ne voulut pas tout d'abord reconnaître, après la capitulation de Sedan, le gouvernement de la Défense nationale et demandait à traiter de la paix avec Napoléon III ou avec l'impératrice en qualité de régente. — Mais l'Empereur était prisonnier et, par conséquent, dans l'impossibilité de donner un consentement libre; quant à l'impératrice, elle avait déjà quitté la France. — La

(1) Bluntschli, *op. cit.*, art. 118. Calvo, *op. cit.*, I, p. 658.

Prusse réfléchit mieux et finit par reconnaître ce gouvernement et traiter avec lui (1).

(1) Le professeur italien, M. Esperson, publia à cette occasion une brochure pour prouver que la prétention de la Prusse était tout à fait erronée, brochure qui a eu beaucoup de succès. Voici son titre : *Le gouvernement de la Défense nationale a-t-il le droit de conclure la paix avec la Prusse au nom de la France?*

CHAPITRE IV

DE LA RATIFICATION

Nous supposons que les négociations entamées ont abouti à un traité, et que ce traité a été signé par le représentant de l'État qui avait mission de contracter. Le traité est-il alors définitif, est-il obligatoire? ou bien a-t-il encore besoin d'être ratifié par une autorité supérieure?

La question de la ratification est une des plus graves du droit international; elle a été diversement résolue par les publicistes.

En fait, dans tous les traités on trouve une disposition finale qui prescrit la ratification en indiquant le délai dans lequel elle doit intervenir.

On s'est demandé si cette pratique peut être justifiée, si une ratification est toujours nécessaire. Voici les deux principaux systèmes qui se sont faits jour.

Dans un premier système, le plus ancien, on soutient qu'un traité signé par les agents diplomatiques, dans les limites de leur mandat, est obligataire sans qu'il y ait besoin d'aucune ratification. Le mandant est lié irrévocablement.

On applique ici, tout simplement, les règles du droit civil sur le mandat.

Dans ce système il ne peut être question de ratification que si l'on conteste l'authenticité où l'étendue des pouvoirs donnés au mandataire. Le code civil et le bon sens indiquent qu'elle est complètement inutile au cas où le mandataire aura agi conformément au mandat qu'il a reçu. On ajoute que le souverain est lié même dans le cas où le plénipotentiaire aurait outrepassé ses instructions secrètes, car par rapport à l'autre partie contractante il a reçu de *pleins pouvoirs*.

Mais si la ratification a été expressément réservée, personne ne conteste que la validité du traité ne soit subordonnée à cette ratification.

Les partisans de ce système constatent cependant que l'usage de la ratification remonte aux temps les plus reculés. Mais ils ne voient là qu'une mesure de précaution contre les préjudices et les embarras que pourraient parfois causer à l'État la négligence coupable, la maladresse dangereuse ou la criminelle complicité de ses agents. De sorte que cette ratification ne peut être refusée si le mandataire a fidèlement et conscieusement observé les termes de son mandat (1).

Dans un second système on affirme que la ratification est nécessaire à la validité du traité, indépendamment de toute réserve; que, de plus, cette ratfication peut être refusée dans tous les cas, et non-seulement lorsque le représentant est sorti des limites de son mandat. Les défenseurs de ce système s'écartent des principes du droit privé.

Nous adoptons le deuxième système et nous allons essayer de le motiver.

1° Le système opposé s'appuie sur des arguments étrangers au droit des gens, ce qui est une erreur (2). En effet, il y a une

(1) Puffendorf. *De jure naturæ et gentium*, lib. III, cap. IX, § 2. Grotius. *De jure belli ac pacis*, lib. II, cap. XI, § 12. Vattel, *op. cit.* II, p. 144. Martens, *op. cit.*, I, § 48. Kluber. *Droit des gens*, § 142.

(2) Cette erreur ne se reproduit que trop souvent dans certains ouvrages S'il est vrai qu'en matière de traités on peut appliquer beaucoup de règles du droit privé, il n'en est pas moins vrai qu'il ne saurait y avoir une assimilation complète entre les conventions des particuliers et les conventions internationales. Voici

différence énorme entre les pouvoirs accordés par le chef de l'État à son agent diplomatique et ceux donnés par un simple particulier à son mandataire. Dans le premier cas il s'agit des intérêts graves et compliqués d'une nation entière, dans le second il n'est question que d'une affaire privée.

2° Il importe que les pouvoirs de négocier au nom d'un État soient très étendus afin de laisser aux plénipotentiaires la liberté d'agir suivant les circonstances. Mais pour que l'exercice de ces vastes pouvoirs ne devienne préjudiciable à l État il est absolument indispensable de le soumettre au contrôle sous-entendu de non-ratification.

3° Le ch f de l'État a le droit de conclure les traités en vertu d'une fonction publique qui lui est confiée, fonction personnelle qu'il ne peut déléguer à personne. Et quand il nomme des plénipotentiaires il ne les charge pas de faire autre chose qu'un projet qu'il est libre d'approuver ou non.

Cet argument juridique (1) nous paraît décisif en faveur du deuxième système. Admettrait-on qu'un député, qu'un magistrat, ou tout autre organe des pouvoirs publics puisse déléguer à quelqu'un la fonction dont il est investi ? Evidemment non Il en est de même du chef de l'État. Toutes ces fonctions ne peuvent être exercées que par les personnes auxquelles elles ont été conférées.

Le rôle des plénipotentiaires est donc de négocier les condi

comment s'exprime à ce sujet M. Ortolan : « Quoique les principes généraux qui les régissent (les conventions) soient les mêmes, les Etats, grandes agglomérations collectives, diffèrent trop des particuliers, simples individus, dans leur nature, dans leur mode de résolution et d'action, dans leurs intérêts, pour qu'on puisse tirer de ces règles générales les mêmes conséquences de détail et d'application à l'égard des unes qu'à l'égard des autres de ces conventions » Th. Ortolan *Règles internationales et diplomatie de la mer*, liv. I, p. 82.

(1) M. Renault, *à son cours.*

tions du traité, d'en discuter les bases, d'en préparer le texte avant de le soumettre à l'approbation du chef de l'État qui seul peut conclure le traité. Avant la ratification il n'y a qu'un projet de traité ; et la ratification seul le rend définitif.

4° Enfin notre système est conforme à la pratique.

Les deux plus grandes autorités de l'Allemagne en matière de droit des gens s'expriment ainsi : « Lorsqu'un traité a été conclu par mandataires, il est d'usage aujourd'hui entre les États souverains d'en regarder la ratification et l'échange *comme un complément nécessaire pour sa validité,* lors même que la ratification n'a pas été expressément réservée. Elle constate que le mandataire n'a pas dépassé les limites de son mandat, constatation à laquelle aucun juge ne peut suppléer » (Heffter).

« Il est d'usage, dit Bluntschli, à son tour, de réserver expressément la ratification du traité ; *la signature du traité ne suffira donc pas pour le rendre obligatoire.* Mais la réserve de la ratification résulte souvent des circonstances dans lesquelles le traité a été conclu, et dans ce cas, il n'est point nécessaire qu'elle ait été formellement mentionnée. La question a été jadis très controversée. Aujourd'hui la tendance est de présumer que la ratification a été réservée, en raison de la grande importance des traités pour la vie des nations (1). »

Personne ne conteste d'ailleurs cette pratique internationale en usage chez toutes les nations, depuis les Romains ; et elle a toujours été jugée nécessaire « pour valider les traités conclus en vertus de pleins pouvoirs (2). » Le plus ancien exemple connu est le traité de paix conclu, en 651, par Justinien avec

(1) Heffter, *op. cit.* § 87. Bluntschli, *op. cit.* art. 419. Wheaton, *op. cit.* I, p. 229 et s. Calvo, *op. cit.* I, § 697. Adair, *Mission à la cour de Vienne*, p. 54.

(2) Wurm, *Die ratification von staatsvertragen*, deutsche vierteljahrs-schrift. n. 29, cité par Wheaton, *op. cit.*, p. 233, note 2.

Cosroes I, roi des Perses, dans lequel il est expressément parlé de l'échange de ratifi ation (1).

Après avoir justifié la nécessité de la ratification, il nous reste à dire quels sont les cas, en dehors de celui où le représentant est sorti des limites de son mandat, dans lesquels son refus peut se motiver. Cela a lieu. d'une façon générale, toutes les fois qu'il y a des motifs graves et sérieux qui empêchent de remplir les stipulations d un traité. Ainsi la ratification peut être refusée : *a*) En cas d'impossibilité physique ou morale, c'est-à-dire lorsque la partie qui fait la stipulation n'est pas apte à la remplir faute des moyens physiques nécessaires dépendant d'elle, ou lorsque l'exécution de l'engagement entamerait injustement les droits de parties tierces. — *b*) Lorsqu'avant la ratification on découvre l'erreur mutuelle des contractants relativement à un point de faït qui, s'il avait été connu dans ses véritables circonstances, eût empêché la conclusion du traité. — *c*) Lorsque les traités contiennent des engagements contraires à des lois spéciales, ou au droit public interne de l'une des parties. — *d*) Lorsqu'un changement se produit, après lequel le traité semble devoir avoir un effet préjudiciable aux intérêts de la nation, etc.

Presque toutes ces circonstances sont, comme nous le verrons plus loin, autant de causes de nullité des traités. Or, il est évident qu'on peut refuser la ratification d'un engagement qu'on a le droit de considérer, même s'il a été ratifié, comme nul et inexistant.

Ainsi nous n'admettons pas que la ratification puisse être refusée par l'une des parties toutes les fois qu'il lui semblerait bon de le faire. En d'autres mots, si le chef de l'État a le droit de l'accorder ou non, il a aussi le devoir de ne se prononcer, dans

(1) Barbeyrac. *Histoires des anciens traités*, partie II.

l'intérêt de son pays, qu'après s'être bien rendu compte de la situation. Y a-t-il des motifs assez sérieux, des raisons d'ordre majeur de ne pas ratifier un traité ? Qu'il s'abstienne. Dans le cas contraire la ratification s'impose à lui ; car le refus non motivé, quoiqu'il ne soit jamais considéré comme une violation de droit, peut blesser les convenances, porter profondément atteinte au crédit d'un État et mettre en péril les rapports de bonne amitié qui existaient entre les contractants (1).

Et c'est pour cela qu'en fait la ratification se traduit aujourd'hui en l'accomplissement d'une simple formalité ; elle n'est que très rarement refusée. Grâce à la rapidité des communications, un plénipotentiaire ne signe un traité que s'il a la certitude que l'accord intervenu est conforme aux vues du gouvernement qu'il représente.

Nous pouvons cependant citer quelques cas de refus très importants et de date tout à fait récente. C'est ainsi qu'en 1841, le roi des Pays-Bas refusa de ratifier le traité d'incorporation du Luxembourg dans le *Zolleverein*, en faisant valoir la non-intervention du pouvoir législatif dans l'élaboration des bases de négociation. De même la France refusa de ratifier le traité du 20 décembre 1841, conclu entre elle, l'Autriche, la Grande-Bretagne, la Prusse et la Russie pour la suppression de la traite. Ce traité avait cependant été signé par le plénipotentiaire de la France ; mais le roi Louis-Philippe, en présence des objections soulevées au sein du parlement français, crut devoir refuser sa ratification. M. Guizot, ministre des affaires étrangères, interpellé à ce sujet à la chambre, fit une longue réponse de laquelle nous extrayons ces mots qui viennent à l'appui de notre thèse : « Une discussion s'est élevé en Europe entre le roi de Prusse

(1) Bluntschli, *op. cit.* art 420.

et le roi des Pays-Bas pour la ratification d'un traité, et l'on soutenait que l'on ne pouvait refuser la ratification d'un traité quand le plénipotentiaire n'avait point excédé les limites du mandat qui lui accordait pleins pouvoirs. Quant à moi, j'avais repoussé une telle doctrine, bien que désintéressé dans cette question, et je soutenais le parti du roi des Pays-Bas qui l'a rejeté. Je soutenais dans cette circonstance que la ratification donnée par le souverain n'était point une pure formalité, mais un droit; et que c'est un droit vrai et réel. Aucun traité ne peut se dire complet avant d'être ratifié, et si, entre la conclusion et la ratification, il survenait des faits graves et de nouveaux événements qui changeassent les relations des deux États et les conditions auxquelles le traité a été conclu, le refus de la ratification serait un droit. En conformité de cette doctrine, je soutiens que nous sommes en droit de refuser la ratification du traité de 1841, parce qu'avant notre ratification rien ne peut se dire fait, rien ne peut se dire conclu (1). »

Le 14 mai 1870 une convention, relative à la jouissance des droits civils et l'exécution réciproque des jugements, fut conclue à Paris entre la France et l'Espagne. A la suite d'une discussion au sein du Sénat (2), qui fit ressortir pour les deux parties contractantes la nécessité de certains remaniements, la ratification fut ajournée; mais les complications politiques de l'année 1870 ne permirent pas de procéder à ces remaniements (3).

Ajoutons à ces exemples celui du traité de commerce, conclu à Paris le 6 juillet 1877, entre la France et l'Italie, soumis à la sanction de la chambre des députés française, conformément à

(1) *Moniteur* de février 1843.
(2) *Journal officiel* du 22 juin 1870.
(3) De Clercq. *Recueil*, T. X, p. 364.

la loi constitutionnelle, les dispositions qu'il contenait ne furent point approuvées, et la ratification dut être refusée (1).

Enfin, citons encore le traité conclu à Livadia, en octobre 1879, entre la Russie et la Chine, que le gouvernement chinois n'a pas voulu ratifier et à la suite duquel le plénipotentiaire a été condamné à mort ! Ces incidents faillirent occasionner une conflagration générale dans l'extrême Orient (2).

Il serait à souhaiter que les gouvernements, avant de donner des ordres à leurs agents à l'étranger, se donnent la peine de mieux connaître les intérêts politiques, commerciaux, etc. ainsi que les sentiments de leurs pays.

Quelle est l'autorité compétente pour ratifier?

Cette autorité est le chef de l'État, avec ou sans le concours du pouvoir législatif, suivant les diverses constitutions et l'objet des traités. Ainsi, dans les monarchies absolues, le souverain qui fait seul le traité le ratifie seul aussi. Dans les pays constitutionnels, en général, c'est là une faculté qui appartient également au souverain, sauf pour certains traités l'approbation préalable du Parlement. Dans certains pays, enfin, cette approbation est toujours nécessaire.

A cette question donc : Quelle est l'autorité compétente pour ratifier les traités internationaux? Presque toutes les constitutions répondent : c'est le pouvoir exécutif.

Dans beaucoup de pays, notamment en Angleterre, on a admis que le pouvoir exécutif peut ratifier un traité même avant l'approbation du Parlement. Il y a là une pratique tout à fait inutile puisque le traité n'acquiert encore aucune force obliga-

(1) De Clerq. *Recueil*, T. XII, p. 27.

(2) V. Martens. *Le conflit entre la Russie et la Chine*, ses origines, son développement, etc. : *Revue de droit international*, 1880, p. 513, 582.

toire; elle est en même temps dangereuse, car la ratification anticipée peut avoir pour effet de préjuger la libre discussion et la décision des chambres. Souvent, en effet, le Parlement pourrait se trouver dans l'impossibilité de refuser l'approbation, les moyens d'exécution, d'un traité pour lequel on a déjà échangé des ratifications et qui oblige moralement le gouvernement.

Nous aurions voulu que la ratification appartînt partout au pouvoir législatif afin que la nation n'assumât pas des obligations contre ses vrais intérêts. Fiore est du même avis : « Souvent, dit-il, il peut arriver que, pour conduire à terme une négociation, il s'écoule beaucoup de temps et que, les circonstances étant changées, une obligation qui était d'abord conseillée pour le bien de la nation puisse lui devenir nuisible ; la nation doit donc toujours examiner la force et l'étendue de l'obligation qu'elle contracte, et par conséquent nous concluons que la ratification de la nation est nécessaire pour qu'un traité puisse avoir sa valeur (1). »

Lorsqu'il est question d'un traité devant être soumis au Parlement on n'agit pas comme pour un projet de loi ; le Parlement ne peut que l'adopter ou le rejeter complètement ; il ne peut faire ni amendement, ni modification aux articles. C'est une règle partout suivie. La question d'ailleurs a été agitée en 1863 à la chambre des députés italienne, et elle a été résolue dans le sens ordinaire, que le Parlement ne peut modifier les traités (2). Cette coutume s'explique aisément par la nature synallagmatique du traité dont les clauses ne peuvent être changées que du consentement de tous les contractants. En cas de désaccord il ne reste qu'une chose à faire : suspendre les délibérations et inviter

(1) Fiore, *op. cit.* I, p, 456.
(2) Laghi, *Teoria dei trattati internationali*, p. 118, note.

le gouvernement à s'entendre avec la puissance contractante, et à présenter un nouveau projet ou des articles additionnels. En fait il arrive souvent que le gouvernement retire son traité des chambres et attend purement et simplement une meilleure occasion pour le leur faire approuver. Ajoutons qu'il n'est pas voté sur les articles des traités. Les assemblées sont saisies d'un projet de loi qui, se référant au traité, en est pourtant distinct. Ce sera sur ce projet que portera le vote à émettre. Si le Parlement accorde son approbation il autorise alors le chef de l'Etat à ratifier. Ainsi ce n'est pas le Parlement lui-même qui ratifie. La formule employée actuellement en France est la suivante : « Le Président de la République Française est autorisé à ratifier et, s'il y a lieu, à faire exécuter la convention conclue le. . . . . (1). »

1. Le mode de votation a été déterminé dans les deux assemblées françaises par des réglements intérieurs à peu près uniformes. Celui du Sénat s'exprime ainsi : « Lorsque le Sénat est saisi d'un projet de loi par lequel le gouvernement, conformément à l'article 8 de la loi constitutionnelle du 16 juillet 1875, lui demande l'approbation d'un traité conclu avec une puissance étrangère, *il n'est pas voté sur le traité*, et il ne peut être présenté d'amendement à son texte. Si dans le cours de l'une ou de l'autre des deux délibérations, il y a opposition à quelqu'une des clauses du traité, elle se produit sous forme de demande de renvoi à la commission, imprimée et distribuée au moins vingt-quatre heures à l'avance. Si le Sénat, après débats, a décidé le renvoi, la commission, avant le vote définitif, fait un rapport d'ensemble, qui doit être imprimé et distribué, sur les différentes clauses contestées et renvoyées à son examen ; elle conclut à l'adoption, au rejet ou à l'ajournement du projet de loi. Quand le Sénat se prononce pour l'ajournement, il le motive en ces termes : *le Sénat appelant de nouveau l'attention du Gouvernement sur telle ou telle clause du traité* (relater en entier les clauses sur lesquelles se fonde l'ajournement) *surseoit à donner l'autorisation de ratifier.* Lorsque l'urgence a été déclarée, la commission présente son rapport sur les clauses renvoyées à son examen, après la clôture de la discussion sur les articles non contestés. Tout projet d'approbation de traité, qui a été rejeté ou ajourné, peut être reproduit sans observation d'aucun délai. »

Les préoccupations dont s'est inspiré cette réglementation sont les suivantes :

La ratification a un effet rétroactif et rend obligatoire le traité du jour de sa date. Cette règle est l'expression d'un usage reçu par les nations. Elle se fonde sur ce fait qu'au moment de la signature du traité, la position respective des États est définitivement régularisée (1).

Nous ne saurions admettre cette doctrine. Selon nous, le traité tant qu'il n'a pas été ratifié est dépourvu de toute force obligatoire. Ses effets ne peuvent logiquement commencer que du jour de sa perfection, de l'échange des ratifications. Le principe du droit civil que tout contrat oblige les parties à dater du jour de sa signature, sauf stipulation contraire, ne peut pas s'appliquer dans notre matière à cause de la grande différence qui existe entre un accord public et un accord privé. Il n'en est ainsi en droit civil que parce que la convention est parfaite par la signature [illegible] parties.

On [illegible] fondé sur cette doctrine pour décider, quelquefois, l'exé[illegible]un traité avant même que la ratification eût lieu. Ainsi le protocole annexé à la convention de Londres du 15 juillet 1840, conclue entre l'Autriche, la Grande-Bretagne, la Prusse et la Turquie, en vue de la pacification de l'Orient, stipulait que « à cause de la distance qui séparait les cours respectives les unes des autres et vu l'urgence » les mesures préliminaires seraient immédiatement mises à exécution et sans attendre l'échange des ratifications (2). Des publicistes, qui en

assurer au pouvoir exécutif une entière liberté d'action, en tant qu'il débat avec le représentant d'un Etat étranger les conditions d'un traité, le négocie et le conclut; se prémunir contre l'imprévu des amendements, les entraînements de la discussion et les solutions trop précipitées; éviter toute digression qui s'écarterait du cercle dans lequel la délibération doit strictement se renfermer. (*Journal de droit international privé*, année 1876, p. 344).

(1) Bluntschli, *op. cit.*, art. 421.

(2) De Clercq, *Recueil*, T. IV.

principe sont du même avis que nous, ont pensé, lors de cette convention, qu'il peut y avoir des exceptions, *expressément convenues*, où la règle que la mise à exécution doit toujours être précédée de l'échange des ratifications peut ne pas s'appliquer. Il n'y a point d'exception possible quant à nous.

On a prétendu que les intérêts de l'humanité demandaient urgence en 1840 ! Mais que d'injustices, que de spoliations, ne commettrait-on pas si l'on pouvait à volonté quitter la voie légale et régulière sous couleur d'urgence ?

Cette pratique peut devenir très dangereuse dans le siècle où nous sommes. Que des plénipotentiaires représentant une monarchie absolue à peu près s'avisent de décider avec l'autorisation de leur souverain, l'exécution immédiate d'un traité, ils ne mettent de côté que la ratification du monarque. Mais que les agents d'un gouvernement représentatif en fassent autan[illegible] il peut arriver qu'ils suppriment tout à la fois la ratifica[illegible] du chef de l'État et le contrôle du Parlement. La const[illegible]it violée. On ferait ainsi un retour vers ce temps à propos [illegible] le jurisconsulte italien écrivait : « Cette fausse idée que la nation s'identifie avec l'État, et l'État avec la personne du souverain, a fait accepter cette fausse maxime que le souverain pût disposer de la destinée de ses peuples comme s'il en était le maître absolu ; et, par conséquent, toutes les obligations stipulées par le souverain ont été déclarées obligatoires pour la nation, sans discuter sur leur valeur ni sur leur légitimité (1). »

La pratique en cette matière est encore étrange à un autre point de vue : la ratification du traité intervient quelquefois avant la signature ! C'est parce qu'il y a des personnes qui ne

(1) Fiore, *op. cit.* p. 416.

voient là que l'accomplissement d'une simple formalité au lieu d'un acte important imprimant le caractère obligatoire à un accord public.

Quelquefois, cependant, des circonstances extraordinaires exigent qu'il en soit ainsi. Ce qui arriva en 1871. L'Assemblée nationale française a voté une loi par laquelle elle conférait à M. Thiers la faculté de faire une convention avec l'Allemagne, et elle la ratifia avant même qu'elle ne fût conclue (1).

(1) Cette convention était relative à l'évacuation par les Allemands des six départements français de l'Aisne, de l'Aube, de la Côte-d'Or, de la Haute-Saône, du Doubs et du Jura, ainsi qu'à la réduction de l'armée d'occupation à 50,000 hommes; elle assurait en même temps des facilités douanières à l'Alsace-Lorraine.

D'une part, l'Assemblée nationale devait se séparer, en septembre 1871, pour prendre un repos nécessaire après une session des plus laborieuses et pour participer aux élections des conseils généraux. D'autre part, le Gouvernement, malgré ses efforts, n'était pas en mesure de soumettre à l'Assemblée la convention définitive. Il ne pouvait pas demander que la date de la prorogation fut reculée jusqu'à l'achèvement de l'œuvre diplomatique, car, à cause des incidents qui pouvaient se produire, il était impossible de prévoir le terme des négociations, et sans doute il eût semblé peu digne que l'Assemblée nationale de France demeurât en session uniquement pour attendre que les diplomates allemands eussent bien voulu accorder leur lente signature. Le Gouvernement ne pouvait, non plus, se réserver de convoquer extraordinairement l'assemblée aussitôt que les négociations auraient pris fin car cette interruption de la prorogation à la veille de la réunion des conseils généraux ou en pleine session de ces conseils aurait présenté de graves inconvénients. Enfin on ne pouvait non plus ajourner jusqu'au retour de l'assemblée, fixé au 4 décembre, la discussion parlementaire de la convention, car l'évacuation des départements, qui n'était réalisable qu'après ratification de la convention se serait trouvée reculée de deux mois peut-être, et elle aurait perdu une grande partie de son prix.

Le Gouvernement soumit alors à l'assemblée les bases de la convention et provoqua un vote d'approbation anticipée qui permit l'exécution de la convention immédiatement après la conclusion. La prérogative parlementaire se trouvait de la sorte respectée et le désir des six départements, qui attendaient avec tant d'impatience et d'anxiété le départ des troupes allemandes, satisfait sans aucun retard.

En pareil cas il nous semble qu'on ne doit pas s'arrêter à une irrégularité de

Nous pouvons résumer de la façon suivante nos idées sur ce chapitre. La raison, le droit, le bon sens et une pratique séculaire justifient grandement la nécessité de la ratification. Elle est indispensable *pour la validité du traité*, sans rechercher si elle a été ou non réservée dans les pouvoirs ou dans le traité lui-même ; de plus elle n'est pas obligatoire. Enfin elle ne peut, raisonnablement, avoir d'effet rétroactif.

procédure, sur laquelle l'assemblée était d'ailleurs mise en mesure de statuer elle-même (*Revue des deux-mondes*, année 1871, 15 novembre, p. 298).

CHAPITRE V

DE LA FORCE OBLIGATOIRE.

Nous rechercherons, dans ce chapitre, si un traité régulièrement conclu est obligatoire quelles que soient les circonstances dans lesquelles il a été contracté, s'il y a des motifs qui peuvent autoriser l'un des contractants à le considérer comme inexistant et à en refuser l'exécution.

La première question qui se pose est celle-ci :

Faut-il appliquer au droit des gens l'article 1109 *du Code civil?* « Il n'y a pas de consentement valable, si le consentement n'a été donné que par erreur, ou s'il a été extorqué par violence ou surpris par dol ? »

Les auteurs sont généralement muets ou tout au moins fort laconiques sur cette question. Un certain nombre d'entre eux semblent n'avoir pas le moindre doute sur la force obligatoire et la validité des traités lorsque la signature a été régulièrement et suffisamment autorisée, il faudrait en tout cas ajouter, et si le traité a été ratifié.

« Un traité, dit Vattel, est valide s'il n'y a pas de vice dans la manière en laquelle il a été conclu ; et pour cela *on ne peut exiger autre chose qu'un pouvoir suffisant dans les parties contractantes, et leur consentement mutuel suffisamment déclaré.* » Martens répète la même chose (1).

(1) Vattel, *op. cit.* I, § 157. Martens, *op. cit.* I, § 48

Nous ne saurions partager cette manière de voir et croyons qu'il faut rechercher les conditions essentielles de la validité des traités surtout dans leur nature intime. Nous considérons comme un principe de droit naturel de déclarer nulle toute convention signée par un plénipotentiaire victime d'un dol, d'une erreur ou de la violence.

Mais pour que l'erreur soit une cause de nullité il faut qu'elle porte soit sur la nature de la convention, soit sur l'objet même. Toute autre erreur ne saurait être admise comme cause infirmative des traités, car le respect et la stabilité des accords internationaux s'opposent à ce que l'erreur puisse être invoquée dans d'autres cas. Quelle serait alors la limite où l'on s'arrêterait?

Parmi les auteurs, peu nombreux, qui pensent avec nous que le consentement doit être libre pour les traités comme pour les conventions entre particuliers, il y en a qui posent le principe suivant : toutes les fois que le traité se trouve à être préjudiciable à la nation il peut être annulé pour cause d'erreur (1). C'est aller trop loin.

Le dol, *dolus malus*, que nous définissons un ensemble de manœuvres frauduleuses pour tromper autrui, annule aussi le traité qui en est entaché. Et remarquons que quoiqu'il suppose toujours une erreur, ce vice du consentement ne fait pas double emploi avec celui qui résulte de l'erreur, car il y a des erreurs qui par elles-mêmes sont insuffisantes pour porter atteinte au traité, ainsi l'erreur sur les motifs; or, quand des manœuvres frauduleuses y ont été jointes, l'erreur sur les motifs devient une cause d'annulation du traité. C'est tout à fait la même remarque qu'en droit civil.

Si l'on décidait que le dol n'a aucune influence sur les traités,

(1) Fiore, *op. cit.* I, p. 473.

l'histoire enregistrerait bien plus de conventions léonines qu'elle ne l'a fait jusqu'à présent. La justice et la bonne foi doivent régner de nos jours dans les rapports internationaux. Les anciennes armes de la diplomatie, le mensonge, la fraude, l'intrigue, doivent disparaître complètement ! — La diplomatie a sans contestation besoin de certaines ressources d'esprit qui créent l'art de gagner du temps ; souvent elle est obligée d'altérer un peu la vérité, surtout par des exagérations, de simuler même certains sentiments et de déguiser ses impressions sous l'impassibilité du visage. Tout ceci lui est plus ou moins permis, et ce *bonus dolus* ne peut avoir aucune influence sur la validité des traités. Quant au *criterium* nécessaire pour faire la distinction entre ce *bonus dolus* et le *malus dolus*, le sens commun et la morale suffisent à le trouver (1).

En ce qui concerne la violence, on a soutenu qu'il ne faut pas la considérer comme un empêchement à la validité des traités, car le consentement n'en a pas été moins donné : *coacta voluntas, sed voluntas.*

Quelques auteurs établissent une distinction entre la violence physique et la violence morale, en enseignant que cette dernière ne vicie pas le consentement.

D'autres distinguent si c'est l'un des contractants qui l'a exercée ou des tiers, etc.

Pour nous, quelle que soit sa nature et d'où qu'elle vienne, elle mettra obstacle à la naissance même de l'obligation ; sans liberté, point de consentement.

Mais pour lui attribuer cet effet, il faut, bien entendu, qu'elle présente une certaine gravité, qu'elle soit de nature à ébranler un caractère fort et énergique.

(1) Pradier-Fodéré, *en note* sous Vatel, I, p. 475.

Presque tous les écrivains sont d'accord à reconnaître la nullité d'un traité signé par un ministre ou par un souverain sous l'empire de la violence.

Et, au contraire, presque tous admettent qu'il est valable lorsque la violence a été exercée sur la nation. Comment s'expliquer cela? Bluntschli donne la raison de cette différence dans les lignes suivantes : « On admet, en droit international, qu'un État est toujours libre et sait ce qu'il veut, pourvu, toutefois, que ses représentants soient libres. Le droit public reconnaît, du reste, aussi la nécessité des faits accomplis; il n'est, au fond, que la réglementation de l'ordre public reconnu nécessaire. Si donc ce qui est nécessaire se présente sous une forme comminatoire, cela ne saurait avoir pour conséquence la nullité du traité. Ce principe est spécialement applicable aux traités de paix. S'il était permis d'en attaquer la validité par ce que l'un des États contractants n'aurait pas eu sa libre volonté et n'aurait signé que par crainte ou à la suite de menaces, les conflits entre les nations n'auraient pas de fin et la paix ne serait jamais assurée (1) ». Wheaton disait la même chose : « La conservation de la société veut que les engagements, consentis par une nation, sous l'empire de la force qu'impliquent la destruction de ses forces militaires, la détresse de son peuple, l'occupation de son territoire par l'ennemi, soient tenu pour obligatoires. En effet, s'il n'en était ainsi, les guerres ne pourraient se terminer que par la soumission et la ruine totale du parti le plus faible, etc..... (2). »

Cependant la violence est toujours la violence, qu'elle s'exerce sur un ou plusieurs individus ou sur un peuple entier. Déclarer

(1) Bluntschli, *op. cit.* art. 408, note.
(2) Wheaton, *op. cit.* 3e partie, chap. II, § 8, p. 241.

sans effet la violence subie par une nation, n'est-ce pas oublier la loi de la justice et de la morale, et se mettre en flagrante contradiction avec elle ? Ceci était logique et excusable dans les livres des vieux publicistes du droit divin et de l'omnipotence des princes, pour lesquels les peuples n'avaient aucun droit propre. Si l'autorité suprême, irresponsable, avait consenti librement, si sa signature n'avait pas été extorquée par une force physique, c'est tout ce qu'on demandait. La nation, elle, on ne la connaissait pas.

Aujourd'hui, cette décision est une monstruosité morale et juridique !

Les défenseurs des traités conclus sous l'empire de la violence motivent leur décision par la nécessité de mettre fin aux conflits entre les nations. Mais cette nécessité ne peut que contraindre à subir un acte injuste ; elle ne peut point le justifier. « De même que la raison et l'équité naturelle, dit Fiore, se refusent à considérer comme valides les obligations promises et jurées sous le poignard des brigands, de même elles doivent considérer comme nulles les obligations stipulées sous la pression d'un conquérant. Si une nation, foulée avec violence par un conquérant, se trouve réduite aux extrémités, si, menacée par la famine, par la disette, elle voit imminente l'entière ruine du peuple, et si, pour ne pas perdre ce peu qui lui reste, elle traite avec son vainqueur et lui cède la partie de territoire qu'il a conquise ; qui voudra soutenir que cette obligation contractée soit valide, si la nation, gémissant sous le poids de cette détresse pleine d'amertume, n'a pu refuser les partis qu'on lui proposait (1). »

Nous pensons donc que la violence qui engendre une crainte grave et sérieuse, est une cause de nullité des traités, qu'il

(1) Fiore, *op. cit.* I, p. 470.

s'agisse d'un traité de paix, de cession ou de tout autre, et sans distinguer si la victime de la violence est un simple représentant de la nation ou la nation elle même. Nous manifestons, en même temps, notre étonnement de voir des autorités comme Bluntschli professer une théorie aussi absolue, aussi générale et tout à fait contraire au droit et à l'équité.

Pense-t-on que fut bien équitable ce traité de 1815, par lequel la Prusse enlevait à la Saxe une partie de son territoire? La Saxe avait pourtant consenti, mais entre deux maux elle avait choisi le moindre : la Prusse se paya ainsi elle-même le secours qu'elle avait apporté à la Saxe. Croit-on que les Saxons n'eussent pas eu le droit de violer le traité qu'on leur avait imposé, si leurs forces le leur eussent permis?

Et sans remonter si loin, il y a quelques années à peine, le traité de Berlin imposait à la Roumanie le douloureux sacrifice de se séparer d'une partie de ses enfants et de les livrer à la domination russe. Un pareil traité pourrait-il jamais être moralement obligatoire? La Russie, ainsi que toutes les puissances qui l'ont signé, ont prouvé une fois de plus que c'est toujours la force qui prime le droit et que les petits États seront encore pendant longtemps sacrifiés aux appétits des grands. On aurait dû cependant se rappeler, à Berlin, ce que disait Talleyrand au congrès de Vienne : « L'injustice est un mauvais fondement sur lequel le monde politique ne saurait bâtir que pour sa ruine. »

Par une convention de l'année 1877, la Russie s'était engagée à respecter l'intégrité du territoire roumain; un an plus tard, elle manquait à la parole donnée! Mais il y a plus : en venant demander la Bessarabie à la Roumanie, la Russie montrait la plus noire ingratitude envers son allié de la veille, envers le pays dont le courage avait sauvé l'armée russe et lui avait assuré la victoire, envers la nation à laquelle, au moment du danger, elle n'avait pas hésité à demander aide et secours. Le congrès de Berlin a ratifié les odieuses prétentions de la Russie. La Roumanie ne pouvait s'insurger contre la volonté de l'Europe ; elle dut céder et exécuter les décisions du congrès, mais elle a protesté et proteste encore au nom de la justice, au nom du droit des nations violé sans pudeur par les grands États. Aussi la Roumanie ne saurait reconnaître pour obligatoire cette clause du traité ; elle la subit, mais conserve l'espoir de voir un jour le droit triompher et la Bessarabie lui faire retour.

Et ici, M. Fiore nous prête encore l'appui de son autorité ; après avoir rappelé le traité Saxo-Prussien de 1815, il ajoute : « Ces conventions, et autres semblables, ne peuvent point être regardées comme valides, parce qu'elles sont dépourvues d'une qualité essentielle, la liberté du consentement ; elles durent autant que la force, et si la nation qui les a sous rites se trouvait dans le cas de rompre les conventions promises, elle le pourrait bien, elle le devrait même..... (1). »

Maintenant — disons-le — nous regre tons une chose : c'est de voir le chef de l'école italienne, et son collègue M. Amari, faire preuve de partialité, décider différemment suivant qu'il s'agit de l'Italie ou de tout autre pays. Tous les deux disent que les traités sont des accords de volontés libres ; point de volonté, point de traités. Cependant ils en exceptent ceux qui leur sont favorables, comme les traités du 10 novembre 1859 et du 30 octobre 1866, qui leur ont donné la Lombardie et la Vénétie.

Les principes sont toujours les mêmes. S'il était permis de les abandonner quand il s'agit de ses intérêts, et de n'en demander l'application que lorsqu'il s'agit de l'intérêt des autres, il serait superflu d'en discuter la valeur.

Après avoir parlé de l'influence de l'erreur, du dol et de la

(1) Fiore, *op. cit.* I, p. 471,

violence sur la validité des traités, il nous reste à dire quelques mots de la lésion.

La lésion ne dispense pas un État de l'obligation d'observer les traités. Les États sont libres de faire ce qu'ils veulent. C'est aux parties contractantes à bien peser par avance les avantages et les inconvénients de leurs accords. De plus, il n'est pas contraire à la loi naturelle de promettre plus qu'on n'en reçoit.

S'il en est autrement dans certains cas de droit civil, c'est que les lois civiles peuvent mettre des bornes à la lésion et en déterminer le quantum de rendre le contact nul ; les tribunaux sont là pour se prononcer.

Mais lorsqu'il s'agit des États qui est-ce qui pourrait déterminer le degré suffisant pour invalider le traité ?

Néanmoins si la lésion était si considérable qu'elle portât atteinte aux droits fondamentaux d'un État et mit en péril son développement naturel et son existence, le traité ne serait pas valable ; non pour cause de lésion, mais pour caûse d'objet illicite. Car nous estimons que le domaine du droit conventionnel est limité en droit international comme en droit civil.

Ainsi un traité a été conclu et ratifié par les autorités compétentes de chaque État, il n'est entaché ni d'erreur, ni de dol, ni de violence ; ce traité n'est pas obligatoire si l'obligation est physiquement ou moralement impossible.

Il y a impossibilité physique lorsque l'engagement pris est contraire à la loi physique de la nature, c'est-à-dire lorsqu'il dépasse les forces matérielles de la nation : *ad impossibilia nemo tenetur*. Dans ce cas on a fait un acte qui n'est pas sérieux.

Il y a impossibilité morale lorsqu'il porte offense aux préceptes de la justice internationale, à la morale et au droit d'autrui.

Si le domaine du droit conventionnel n'était pas ainsi limité si on pouvait franchir une certaine barrière, on tomberait dans le désordre social, dans l'arbitraire et dans la violence. Doivent donc être considérés comme ayant un objet illicite et, par conséquent, sans aucune force obligatoire, les traités qui méconnaissent la liberté inaliénable des peuples, qui sont contraires au droit des gens nécessaire, qui répugnent à la loi de la morale et de l'humanité, tels sont :

a. — Les traités qui établissent la puissance d'un État sur un autre ;

b. — Les traités qui prescrivent une cession, une donation, un échange de territoire sans le consentement des intéressés ;

c. — Les traités qui imposent à un État la forme de gouvernement, la dynastie, ou qui apportent une limite à son développement politique, économique et intellectuel ;

d. — Les traités qui disposent des affaires des États qui n'ont pas pris part à leur conclusion, ou contredisent des traités antérieurs valides eu encore en vigueur ;

e. — Les traités qui introduisent, étendent ou protègent l'esclavage ;

f. — Les traités qui sont contraire à la liberté des mers, etc.

Ces principes sont les seuls qui nous paraissent justes. Si on les appliquait rigoureusement aux différents traités signés jusqu'à ce jour, on trouverait presque tous ces traités infectés d'un vice de nullité radicale.

Il est du devoir de tous les publicistes honnêtes, au risque de passer pour utopistes, de dénoncer un à un les vices de tant d'actes divers qui enchaînent les nations, violant leurs droits les plus aliénables et les plus imprescriptibles, et de proclamer les vrais principes, les principes fondamentaux en cette matière.

Ces principes ont été méconnus dans les grands congrès qui

ont eu lieu au XIXe siècle, et notamment à Vienne en 1815 et à Berlin en 1878.

A Vienne ont dominé l'injustice et l'arbitraire ; c'est là qu'on a commis le gaspillage le plus horrible des droits des peuples ; les accords y ont été dictés par l'intérêt ambitieux des princes ; on a, en un mot, remanié l'Europe selon le caprice des cinq grandes puissances réunies dans ce congrès.

En 1856 une nouvelle ère de justice internationale avait été inaugurée. Mais le congrès de Berlin fit reculer le droit des gens d'un demi siècle, aux principes de 1815. On n'a pas seulement méconnu, à Berlin, l'autonomie et l'indépendance des nations, mais on a marchandé, on a vendu des populations entières comme jadis à Vienne. L'Autriche a été autorisée à s'emparer de la Basnie et de l'Herzegovine sous prétexte d'occupation indéterminée. On arracha une belle province à la Roumanie pour la donner à la Russie ; on a offert à la France la Tunisie qu'elle occupa deux années plus tard ; on approuva l'annexion de l'île de Chypre à l'Angleterre. Sous le prétexte de reconnaître l'indépendance de certains pays, on s'est immiscé dans leurs affaires intérieures, etc. Comme à Vienne enfin on a réalisé à Berlin la plus flagrante violation du droit international.

Quelle valeur juridique, quelle force obligatoire peut-on accorder à des pareilles stipulations, qui ne tiennent aucun compte de la liberté inaliénable des peuples, qui foulent aux pieds le principe sur lequel doivent reposer les États modernes, le principe des nationalités, par lesquelles on attribue le droit de disposer, comme de sa propre chose, des États faibles et petits?

Quoique les plénipotentiaires fussent munis de mandats en règle pour les signer, que toutes les formalités eussent été accomplies, que les chefs d'États, empereurs, rois ou présidents de République accordassent leur ratification, ces traités ne peuvent être valables, car ils sont illicites, ils sont la consécration de l'arbitraire, de la force et de l'injustice, la négation complète du droit.

Maintenant, si on partage nos idées, on s'expliquera facilement que quelquefois il arrive qu'un État ait le droit de se refuser à exécuter, comme étant nul, un traité signé, ratifié, sanctionné même par le Parlement.

Mais que devient alors — nous dira-t-on — la maxime que la foi des traités est sacrée et inviolable ? Nous répondrons que nous sommes les premiers à reconnaître la nécessité de respecter les traités, que si on les supprimait le droit lui-même s'écroulerait au milieu de la tempête des opinions opposées et des intérêts contradictoires. Les nations doivent se réunir pour réprimer celui qui voudrait s'affranchir de ses obligations internationales, mais elles doivent aussi ne pas étendre cette maxime au préjudice de la liberté, de l'indépendance qui appartiennent à toutes les nations :

« Au-dessus de tous les traités se trouvent les droits des nations (1). »

Nous sommes ainsi amenés à nous demander sur quoi repose l'obligation de respecter les traités.

Avant de passer à l'étude de cette matière il faut nous prononcer sur une question qui a été beaucoup discutée par les auteurs.

Il ne s'agit plus d'un traité nul par absence des conditions internes nécessaires à sa validité. On suppose, au contraire, un traité exempts de vices et ne renfermant que des obligations possibles physiquement et moralement, en un mot un traité tout-à-fait valide. On suppose, en même temps, que des mesures

(1) Manifeste de la Prusse, en date du 9 octobre 1806 : Bluntschli, *op. cit.* art. 458, note ; voir aussi l'art. 410, note.

législatives sont indispensables pour sa mise à exécution, et que le pouvoir législatif, contestant l'opportunité ou l'utilité du traité, refuse de les voter.

Ce traité est-il néanmoins obligatoire? Quelle est la partie du refus de sanction législative par rapport au souverain qui a donné sa ratification? Peut-on exiger l'exécution d'un pareil traité, la poursuivre au besoin par la force?

La réponse à cette question nous paraît, à nous, bien simple, et nous avons de la peine à comprendre pourquoi elle a tant tourmenté les auteurs. Remarquons d'abord qu'elle ne peut être soulevée que dans les pays parlementaires, puisque dans les monarchies absolues, comme la Russie et la Turquie, tous les pouvoirs sont concentrés en la personne du souverain.

Pour résoudre facilement la question posée on n'a qu'à l'envisager au point de vue élevé qui la domine : d'où dérive le droit du souverain? De la constitution de chaque État, constitution qui seule peut déterminer les attributions du pouvoir exécutif, étendre ou restreindre l'exercice de la souveraineté nationale. Si la constitution limite le droit du souverain ou lui impose certaines réserves, il est évident qu'il ne peut traiter que sous ces conditions. Donc quand le souverain a traité, il n'a pu obliger la nation que sous la condition — sous entendue — que le Parlement voterait les mesures nécessaires à l'exécution du traité. Le Parlement s'y refuse; il y a alors rupture complète du lien contracté. La partie co-contractante ne peut avoir aucune réclamation, car elle devait savoir qu'avant tout le chef d'un État a le devoir sacré de respecter le droit public de son pays et de le faire respecter non-seulement par ses propres sujets, mais aussi par les États étrangers.

Le chef de l'État, obligé moralement et personnellement, devra, bien entendu, dans l'intérêt des bons rapports entre les nations, faire tout son possible pour arriver à rendre la vie à l'accord intervenu, à lui procurer la consécration finale par les pouvoirs publics compétents. Et la nation ne sera liée, ne pourra être contrainte d'exécuter qu'après cette consécration.

La non exécution immédiate des traités conclus et ratifiés a donné lieu à plusieurs conflits internationaux. Le plus remarquable est celui de 1831, entre la France et les États-Unis ; il a failli amener la guerre entre deux peuples amis et liés par tant d'intérêts commerciaux. La France promit aux États-Unis, par le traité du 4 juillet 1831, une somme de 25,000,000 de francs afin d'indemniser le commerce américain pour l'ensemble des pertes, des captures de navires et de confiscations de marchandises dont il avait eu à souffrir pendant la guerre de la Révolution et du premier empire.

Comme il s'agissait des finances du pays, le traité relevait à ce titre de la puissance législative, qui devait voter un crédit. Il fut donc soumis, après avoir été ratifié, à la chambre des députés. La chambre l'examina, et en trouva le montant trop exagéré ; elle refusa le crédit demandé. Le ministère, à la suite de ce vote, donna sa démission. Le traité ne put donc être mis immédiatement à exécution. Mais avant que la chambre française se fut prononcée, le gouvernement américain avait agi comme si tout était terminé : il avait tiré sur le ministre des finances à Paris une lettre de change montant à la valeur du premier terme de l'indemnité. Cette lettre ne fut pas payée parce que les fonds nécessaires n'avaient pas encore été légalement rendus disponibles. Les États-Unis protestèrent, accusèrent le gouvernement français d'avoir violé la parole donnée. Celui-ci n'eut pas de peine à répondre que tout traité qui renferme des clauses pécuniaires ne peut devenir exécutoire qu'après avoir été sanctionné par la Chambre, et que la ratification du roi ne suffisait pas.

Ajoutons que les chambres françaises reconnurent, plus tard, la réalité des titres qui militaient en faveur du commerce américain, annulèrent leur premier vote et allouèrent le crédit nécessaire pour solder l'indemnité convenue (1).

Nous poserons ici le principe suivant : Lorsqu'il y a conflit entre le droit international et le droit constitutionnel, celui-ci doit toujours avoir la préférence. Les devoirs d'un gouvernement envers les États étrangers s'effacent devant cette règle fondamentale que la nation est maîtresse de ses destinées.

Nous allons nous occuper maintenant de la question suivante :

Sur quoi repose l'obligation de respecter les traités.

Nous n'avons pas voulu laisser de côté cette question, tout à fait philosophique, qui est discutée depuis si longtemps. Mais le cadre de notre thèse ne nous permet pas non plus de l'étudier en détail. Nous nous contenterons donc de résumer les principales opinions qu'on a émises à ce sujet et de dire quelques mots sur la valeur de chacune d'elles.

Ceux qui considèrent comme base de la morale et de toute institution politique ou privée un principe religieux, ceux qui professent de prendre la volonté de Dieu pour règle unique du bien et du mal, soutiennent naturellement que c'est la religion qui donne la force obligatoire aux traités.

Mais on objecte que l'obligation qui dérive de la religion ne lie que la conscience, elle est complètement impuissante à constituer un lien juridique.

L'école utilitaire, dont le chef reconnu est Bentham, soutient que la force obligatoire des conventions a comme fondement

(1) Calvo, *op. cit.* I, p. 665 et s. De Clercq, *Recueil*, T. IV, p. 111.

juridique l'intérêt et l'utile; si les obligations conventionnelles étaient déclarées inefficaces, les échanges, le commerce, la société seraient impossibles ; par conséquent, il y a plus d'intérêt réciproque à exécuter les obligations qu'à ne les pas exécuter (1).

Loin d'être un principe philosophique, cette réflexion est la négation de tout principe, et, comme le fait remarquer Fiore, le principe de Bentham rend l'obligation éphémère, ainsi que tous les autres droits auxquels on veut donner l'intérêt et l'utile pour fondement. Si une autre nation se persuadait qu'il est plus utile de ne pas remplir l'obligation que de la remplir, la force obligatoire de la convention serait détruite par le principe même sur lequel Bentham voudrait l'appuyer (2).

D'autres ont déduit la force obligatoire des conventions du préjudice qui serait causé à autrui s'il était permis de tromper l'attente qu'a dû faire naître la promesse. Beaucoup d'auteurs italiens adoptent ce système (3).

Quant à nous, nous ne voyons dans ce système qu'une pétition de principe : cette attente ne peut être légitime qu'autant qu'il sera déjà constant que le contrat doit être exécuté, car s'il n'avait aucune force, l'attente serait sans fondement.

Bélime, qui critique ce système, en propose un autre : on pourrait déduire le *vinculum juris* des conventions du *devoir* de la *vérité*. Un État ne peut pas tromper sciemment un autre État, et par là lui causer du préjudice, sans s'obliger immédiatement à la réparation (4).

(1) Bentham. *Traité de législation*, I, p. 298.

(2) Fiore, *op. cit.* I, p. 440.

(3) Rosmini. *Filosofia del diritto*, nº 1083; Tolomei. *Corso de diritto naturale* II, § 446; V. Loghi, *op. cit.* p. 285.

(4) Belime. *Philosophie du droit*, I, p. 427.

Mais l'obligation de dire la vérité est un devoir moral et non un devoir juridique; l'État, comme l'individu, qui sait la vérité est libre de la dire ou de ne point la dire. Ajoutons que les gouvernements ont une très faible notion de ce devoir.

Vattel s'est demandé aussi sur quoi repose l'obligation de respecter les traités : « Ne point garder une promesse parfaite, dit-il, c'est violer le droit d'autrui, c'est une injustice aussi manifeste que celle de dépouiller quelqu'un de son bien.

« Toute la tranquillité, le bonheur et la sûreté du genre humain reposent sur la justice, sur l'obligation de respecter les droits d'autrui. Le respect des autres pour nos droits de domaine et de propriété fait la sûreté de nos possessions actuelles; la foi des promesses notre garant pour les choses qui ne peuvent être livrées ou exécutées sur le champ. Plus de sûreté, plus de commerce entre les hommes, s'ils ne se croient point obligés de garder la foi, de tenir leur parole. Cette obligation est donc aussi nécessaire, qu'elle est naturelle et indubitable, entre les nations qui vivent ensemble dans l'état de nature, et qui ne connaissent point de supérieur sur la terre, pour maintenir l'ordre et la paix dans leur société. Les nations et leurs conducteurs doivent donc garder inviolablement leurs promesses et leurs traités. Cette grande vérité, *quoique trop souvent négligée dans la pratique*, est généralement reconnue de toutes les nations (1). Le reproche de perfidie est une injure atroce parmi les souverains; et celui qui n'observe pas un traité, est assurément perfide, puisqu'il viole la foi. Au contraire, rien n'est si glorieux à un prince et à sa nation, que la réputation d'une fidélité inviolable à sa parole. » Et plus loin :

(1) Mahomed recommandait fortement à ses disciples l'observation des traités (Okley, *Histoire des Sarrasins*, T. I).

« Si les engagements d'un traité imposent d'un côté une obligation parfaite, ils produisent, de l'autre, un droit parfait. Violer un traiter c'est donc violer le droit parfait de celui avec qui on a contracté (1). »

Vattel ne nous semble pas nous donner, non plus, la raison suprême de la force obligatoire des traités, quoique ses arguments soient, certainement, très vrais.

D'après certains auteurs la fidélité dans les engagements est une *condition* et par suite un *droit* de la vie sociale. « Ce qui est stipulé dans un traité est regardé par les contractants comme une *condition* ou un moyen pour atteindre le but qu'ils se sont proposé. Si une partie ne tient pas ce qu'elle a promis, elle fera manquer une condition qui dépendait de sa volonté et qui a été jugé nécessaire par l'autre partie à l'accomplissement de son but; et comme ce but s'enchaîne avec d'autres buts, tout projet, tout *plan de vie* deviendra impossible, et la société sera sans utilité pour l'homme, qui ne pourra plus s'appuyer que sur lui-même (2).

Il n'y a pas de doute que la fidélité dans les engagements soit une condition de la vie sociale. Mais quel est le principe supérieur qui justifie une promesse et sur lequel se fonde ce rapport conditionnel? L'argument invoqué n'est pas ici encore autre chose qu'une pétition de principes.

Kant, désespérant de démontrer la force obligatoire des conventions en fait un *postulat* de la raison, c'est-à-dire quelque chose d'évident, un axiome qui n'a besoin d'aucune démonstration (3).

(1) Vattel, *op. cit.* II, §§ 163, 164.

(2) Ahrens, *Droit naturel*, II, p. 239.

(3) Bélime, qui cependant a proposé un système, partage l'avis de Kant. On aurait, dit-il, peut-être mieux fait de s'en tenir là, et de s'épargner tant de sys-

Dans un autre système on fait reposer l'obligation de respecter les traités sur la libre volonté des États; application de la maxime vulgaire : *Volenti non fit injuria* (1).

Ce système ne nous convient pas non plus, car l'obligation, une fois contractée, oblige alors même que la nation aurait changé de volonté; c'est aussi l'avis de Bluntschli : « Il n'est pas exact de prétendre que la liberté de vouloir peut aussi se manifester dans la volonté de s'obliger; car si la volonté de s'obliger venait à changer, le traité serait une lettre morte. L'homme libre ne peut et ne doit pas renoncer à sa liberté de vouloir ; elle l'accompagne pendant toute la vie; elle est une partie de sa personne, une partie de son existence ; il ne peut et il ne doit pas tuer la liberté de vouloir en invoquant cette même liberté. La liberté individuelle ne peut du reste pas créer le droit; elle n'est pas la cause première du droit. Si cela était, il suffirait de vouloir quelque chose pour que cette volonté se transformât en droit, etc. (2). »

Nous pensons que l'obligation de respecter les traités repose sur le principe de justice absolue. Les droits et les devoirs ne peuvent avoir qu'un seul fondement, fondement absolu, si l'on ne veut réduire la science du droit à une chimère. Ce fondement est la loi du juste. C'est sur elle que reposent tous les droits primitifs des nations, tous les droits secondaires et toutes leurs obligations volontaires.

Les traités tirent certainement leur origine de la volonté et de la liberté elles-mêmes, mais, comme on vient de le voir, la vo-

tèmes qui justifient presque le mot de Cicéron : *Non est turpe dubitare philosophos, quæ ne rustici quidem dubitant?* : De offic., lib. III, 19. Belime, *op. cit* p. 427, note.

(1) Krug, *Diceologie*, n° 55.

(2) Bluntschli, *op. cit.* art. 410, note.

lonté des États, de même que la volonté des personnes n'est pas la cause et la source primordiale du droit; elle ne vient qu'en seconde ligne. Et c'est pour cela que lorsque la volonté change, la force obligatoire ne change pas, car c'est le principe absolu de la justice qui la constitue, pas autre chose. Cela ne veut pas dire qu'une nation ne puisse modifier un traité lorsque, les circonstances ayant changé, il lui devient nuisible. Elle le pourra sans doute pour cette raison que les obligations conventionnelles ne sont pas perpétuelles. Elle le pourra du moment où le traité ne concilie plus ses droits, ses devoirs et ses intérêts avec les droits, les devoirs et les intérêts de l'autre nation. Mais tant qu'elle n'aura pas modifié la première convention et n'en aura pas conclu une autre, elle sera obligée par cette convention et elle devra l'exécuter (1).

(1) Fiore, *op. cit.* I, p. 437 et suiv.

CHAPITRE VI

DES MOYENS POUR ASSURER L'EXÉCUTION DES TRAITÉS

Les traités sont des contrats de bonne foi. Lorsque toutes les conditions nécessaires à leur validité ont été réalisées et lorsque leur promulgation a été faite, ils sont parfaits et définitivement obligatoires pour les parties contractantes ; et ils les obligent, non-seulement à ce qu'elles ont stipulé expressément, mais aussi à ce qui convient le mieux à leur commune intention et à la matière du contrat.

Différents moyens ont été employés, tant dans le monde ancien que dans le monde moderne, pour assurer l'observation des traités, pour suppléer à l'absence d'autorité supérieure en droit international ; tels furent : le serment, la remise d'otages, le gage, l'hypothèque, l'intervention de garants.

Ces moyens ont varié selon les époques et les degrés de civilisation des parties.

Pendant le règne du mysticisme religieux le serment était souvent employé, mais il n'avait pas toujours une force strictement obligatoire et indélébile ; souvent les princes catholiques appelèrent au pape et le firent intervenir dans les affaires du pouvoir temporel pour les délier d'un serment gênant, et les exempter ainsi de l'observation des traités. Aujourd'hui le serment ne se comprend plus que chez les peuplades sauvages, qui n'ont pas encore la notion du droit, qui appellent la persécution divine en cas de non respect des engagements. Le serment ne lie d'ailleurs que la conscience de la personne qui le prête ;

il est impuissant à constituer la force obligatoire du traité. L'expérience ayant démontré son inutilité, le serment fut abandonné au XVIIIe siècle. Si le traité est juste, s'il est valide, il sera sacré et inviolable sans avoir besoin d'aucune consécration religieuse ; si, au contraire, il n'est pas conforme à la loi du juste et aux intérêts du pays, aucune invocation religieuse ne pourra le rendre valide, obligatoire. De plus, quelle valeur ce moyen a-t-il pour les incrédules ?

La pratique, jadis en vogue, de réclamer des otages pour assurer le respect des traités, ne se comprend non plus aujourd'hui que chez les peuplades sauvages. C'est là un moyen barbare, indigne des temps modernes. Le dernier exemple remarquable de cet usage se trouve dans le traité d'Aix-la-Chappelle (1748) par lequel l'Angleterre a garanti à la France la restitution du cap Breton à l'Amérique du Nord, en envoyant à Paris, comme otages, plusieurs anglais. —

Des auteurs ont encore soutenu de nos jours que l'usage de donner en otages un nombre d'individus était licite ! Ils imitent en cela Vattel, qui a fait sur ce point une importante théorie. Mais cette partie du célèbre auteur suisse a tout à fait vieilli (1).

Quelquefois on donne des garanties réelles pour assurer l'exécution des traités, comme le gage ou l'hypothèque. Le gage consiste dans un dépôt d'objets mobiliers entre les mains de la partie envers laquelle on s'est obligé. Il y a hypothèque lorsque le gage porte sur une portion de son territoire, sur une province etc. Ainsi la Corse a été hypothéquée à la France par les traités de 1756, de 1764 et de 1768 pour la couvrir des dettes que la république de Gênes avait contractées envers elle. Les hypothèques survenaient jadis très fréquemment ; au moyen-âge beaucoup

(1) Vattel, II, *op. cit.* p. 239 et s.

de villes ont accru leur territoire en prêtant de l'argent sur hypothèque aux seigneurs du voisinage. Aujourd'hui elle n'est plus usitée ; elle a été remplacée par l'occupation de territoire. Un exemple récent d'occupation se trouve dans le traité de 1871, conclu entre la France et l'Allemagne. L'Allemagne a stipulé qu'elle occuperait six départements français, avec 50,000 hommes pour assurer le payement convenu de cinq milliards.

L'occupation a un caractère plus ou moins grave suivant les circonstances. Ainsi quelquefois il est stipulé qu'elle cessera avec le payement de l'indemnité, des fois quand l'état politique du pays serait consolidé, ou quand l'ordre et la tranquillité seraient rétablis, etc. Mais, quel que soit son caractère, ses conséquences sont toujours mauvaises. Toutes les nations s'en ressentent, plus ou moins. Ce qui est arrivé, par exemple en 1871 : un territoire entier étant confisqué, les relations commerciales se trouvèrent interrompues ou très gênées.

Par le progrès des lois et le perfectionnement matériel des communications il s'est établi, dans la seconde moitié de ce siècle, entre tous les marchés des rapports solidaires, qui ne permettent plus que l'un souffre sans que l'autre soit atteint. Les gouvernements feraient donc bien, dans leur propre intérêt, de renoncer désormais à cette garantie : « L'Allemagne gagnerait beaucoup plus à envoyer dans les Vosges, dans la Marne, dans les Ardennes, des commis-voyageurs que des soldats » disait, avec raison, un écrivain français en 1871.

Des auteurs très estimés enseignent que l'exécution du traité transforme, *ipso jure*, l'occupation provisoire en annexion définitive, en souveraineté incommutable. Calvo dit que l'engagement ne confère pas la possession réelle, absolue et définitive, bien moins encore le droit de souveraineté ; la puissance qui détient le territoire engagé doit le conserver en bon état. Une fois la dette payée et le traité accompli, l'engagement cesse; « mais si le temps fixé s'est écoulé sans que les conditions du traité aient été remplies, le *détenteur devient définitivement propriétaire incommutable et souverain* (1). Et Bluntschli : « Lorsqu'un Etat, voulant assurer l'exécution d'un traité, se fait constituer une hypothèque dans le sens donné à ce mot par le droit public, en se faisant accorder l'autorisation d'occuper une place forte ou toute autre partie du territoire, ce droit d'occupation dure jusqu'à l'exécution du traité ou jusqu'à ce que des garanties suffisantes de l'exécution du traité aient été fournies. S'il n'est plus possible de prévoir l'exécution du traité, le *droit d'occuper* provisoirement le territoire se transforme en souveraineté définitive (2). »

Quant à nous, il nous est impossible de partager cette doctrine qui légitime une nouvelle forme de la conquête. Ceci pouvait se faire un moyen âge quand la souveraineté se confondait avec la propriété du territoire, quand le souverain avait des droits très étendus sur ses sujets. Pour partager l'avis de Bluntschli et de Calvo il faudrait supposer deux choses : premièrement, que l'Etat de qui l'on a exigé la garantie a consenti au moins tacitement à une pareille expropriation, au cas où il ne remplirait pas son engagement; deuxièmement, qu'un gouvernement peut aliéner une partie du territoire de l'Etat sans consulter les populations.

Or, la première hypothèse est impossible. Qui est-ce qui pourrait affirmer que la France eût jamais consenti l'abandon des six départements à l'Allemagne si elle n'eût pu effectuer le paiement de cinq milliards? Et lors même qu'un gouvernement aurait

(1) Calvo, *op. cit.* I, § 705, 706.

(2) Bluntschli, *op. cit.* art. 428.

commis cet excès de pouvoir, son consentement, tacite ou exprès, serait absolument nul parce que nous ne pouvons pas admettre que l'autorité d'un État puisse disposer de territoires habités sans avoir préalablement consulté les habitants. Les peuples ne sont ni des choses, ni des propriétés de l'Etat.

L'occupation et la souveraineté resteraient donc pour nous toujours avec ce caractère provisoire. Elles ne pourraient devenir définitives, en cas d'inexécution d'engagement, qu'avec le consentement *librement* exprimé des habitants ou bien lorsqu'elles s'appliqueraient à un territoire inhabité (1).

Enfin un des moyens auquel on a recouru pour assurer l'observation des traités est la garantie d'une tierce puissance ou même de plusieurs autres puissances. On est d'accord que, pour que la garantie soit valable, il faut non-seulement le consentement de l'État garant, mais le consentement des deux parties qui ont conclu le traité principal ; que le garant ne peut et ne doit intervenir que si les conditions sous lesquelles l'intervention a été autorisée se rencontrent dans l'espèce et si le garant est sommé d'intervenir par l'une des parties intéressées. Autrement l'indépendance des États ne serait plus respectée.

Mais lorsqu'il ne s'agit pas d'un traité accessoire de garantie, c'est-à-dire d'un traité par lequel le tiers garant promet de secourir une des parties contractantes, mais bien d'un traité indépendant, principal, par lequel un certain nombre de puissances prennent sous leur protection un certain ensemble de droits ou

(1) La théorie des plébiscites internationaux n'a pas trouvé assez souvent son application. Cependant elle paraissait déjà entrée définitivement dans le domaine du nouveau droit des gens lorsque les conquêtes dictées par les traités de Francfort (1871) et de Berlin (1878) firent reculer ce droit.

Il faut, à ce propos, rendre justice à l'Italie : dans ce pays toutes les cessions et toutes les annexions ont été sanctionnées par le vote des populations.

d'institutions sociales et politiques, les garants sont autorisés à prendre l'initiative de l'intervention lorsque leurs propres intérêts sont lésés ou leur paraissent compromis.

Le plus souvent les traités ou les clauses de garantie ont pour but moins l'intérêt du garanti que celui du garant. Ainsi, les grandes puissances ont garanti en 1839 la neutralité de la Belgique « dans l'intérêt de la paix européenne » c'est-à-dire dans leur propre intérêt ; ce petit royaume était devenu une nécessité. De même c'est dans le même but qu'elles ont garanti en 1867 la neutralité du grand duché du Luxembourg.

Ce moyen, la garantie, serait très utile si on l'appliquait honnêtement et sans en abuser. Il constituerait une espèce de solidarité entre les nations pour l'observation des principes de la justice, en même temps qu'un tribunal suprême capable de punir celui qui violerait le droit au préjudice d'une nation. On s'en est malheureusement servi trop souvent dans un but purement égoïste ; on l'a considéré comme un prétexte pour s'immiscer dans les affaires des Etats faibles, afin de retirer des avantages. Exemple : le traité conclu à Paris en 1856 entre la France, l'Autriche, l'Angleterre, la Prusse, la Russie et la Sardaigne, par lequel ces puissances garantissent l'indépendance territoriale de l'Empire ottoman ; on sait quel fut le sort de cet infortuné empire au Congrès de Berlin.

En terminant, nous pouvons citer ici, une fois de plus, le mot de Frédéric le Grand : « Toutes les garanties sont comme les travaux de filigrane, qui charment plus les yeux qu'ils ne sont utiles (1). »

Nous pensons que les nations devraient attendre l'accomplissement des engagements plutôt de la bonne foi de la partie

(1) *Histoire de mon temps*, œuvres posthumes, I, ch. IX.

obligée et de l'honnêteté de la convention elle-même que de ces moyens qui sont inefficaces.

Nous finissons par une dernière citation de M. Fiore, qui sera aussi notre conclusion : « Comme il n'y pas entre les nations un supérieur légitime, aucun pouvoir humain ne peut garantir l'accomplissement des engagements, et pour que l'on ne viole pas la foi jurée, il faut que les principes éternels de la justice soient la règle de conduite des nations dans la stipulation et l'exécution des obligations. Tant que la loi même du juste n'aura pas pénétré danc la conscience des nations et des Etats, les autres moyens sont inefficaces et l'on devra résoudre les controverses *par la force et par la guerre* (1). »

(1) Fiore, *op. cit.* II, p. 37. M. Pradier-Fodéré, l'annotateur et le traducteur de M. Fiore, ajoute que le professeur de Turin a omis de mentionner une garantie plus puissante que les canons rayés : c'est *l'opinion*. Le Gouvernement qui volontairement méconnaîtrait ses engagements se perdrait par le mépris qu'il inspirerait, et la nation qui ressusciterait la foi punique se verrait supprimer tout crédit. — Oui ! quand cette opinion existera partout et quand elle sera assez forte pour vaincre la résistance que lui oppose le pouvoir absolu de certains pays. Cette reine du monde, comme l'appelait Pascal, contribuerait alors seulement à empêcher la violation des principes rationnels du droit des gens.

POSITIONS

DROIT ROMAIN

I. — Il y a des exceptions qui ne reposent pas sur l'équité.

II. — Le créancier hypothécaire est-il l'ayant-cause du constituant au point de vue de la chose jugée ? Il faut distinguer si la constitution d'hypothèque est antérieure ou postérieure au jugement.

III. — L'exception *rei judicatæ* est opposable à celui qui intente une nouvelle action en revendication en alléguant une autre cause d'acquisition.

IV. — La *litis contestatio* n'opère pas une véritable novation.

V. — Le *principium* de la loi 7, lib. XLIV, t. 2, du Digeste contient une confusion regrettable : on y cite, comme se rapportant à l'exception *rei judicatæ*, des exemples qui ne visent que l'exception *rei in judicium deductæ* et qui ne peuvent avoir un sens qu'à l'époque classique.

VI. — Les enfants de l'adrogé sont *capite minuti.*

DROIT CIVIL

I. — La séparation de corps entraîne la révocation de plein droit des donations que l'époux contre lequel elle a été prononcée a reçues de son conjoint.

II. — La reconnaissance d'un enfant naturel faite dans un testament est irrévocable.

III. — L'enfant naturel reconnu peut être adopté par l'auteur de la reconnaissance.

IV. — Le successible qui a été condamné comme héritier pur et simple conserve au regard de toute personne, autre que celle qui l'a fait condamner, la faculté d'accepter l'hérédité sous bénéfice d'inventaire ou de la répudier.

V. — Le représentant n'est pas tenu de rapporter ce qu'il a reçu personnellement du défunt.

VI. — Le bénéfice de l'action Paulienne ne profite qu'au créancier qui a exercé l'action.

VII. — Conformément à la maxime romaine : « *Quæ temporalia sunt ad agendum, perpetua sunt ad excipiendum,* » le délai de l'exception fondée sur la nullité d'un contrat a une durée égale à celle de l'action que ce contrat fait naître au profit du créancier.

VIII. — Le mari peut, en prenant le consentement de la femme, faire valablement les donations qui lui sont défendues par l'article 1422.

IX. — L'héritier pour partie qui a payé la part de dette dont il était tenu personnellement ne peut pas purger.

X. — L'adjudication prononcée au profit du créancier surenchérisseur ou d'un tiers fait évanouir rétroactivement le droit de propriété du tiers détenteur, en d'autres termes, entraîne la résolution.

DROIT CONSTITUTIONNEL

I. — En ne soumettant pas le traité de Berlin à l'approbation du Parlement, le gouvernement français n'a pas violé l'article 8 de la loi constitutionnelle du 16 juillet 1875.

II. — Les conventions sur la propriété industrielle, littéraire et artistique doivent être soumises aux Chambres.

DROIT INTERNATIONAL PUBLIC

I. — Tous les systèmes de paix perpétuelle sont chimériques. Ce n'est que lorsque les traités se multiplieront et qu'ils seront mieux faits que les causes de conflits entre les Etats diminueront et que la guerre deviendra de plus en plus rare.

II. — Une cession de territoire n'est légitime que du consentement de ses habitants librement exprimé.

III. — Même dans le cas où elle n'a pas été expressément réservée, la ratification du souverain est nécessaire à la validité des traités conclus par les plénipotentiaires.

IV. — La Bulgarie n'a pas besoin du consentement de la Porte pour conclure les traités internationaux.

DROIT INTERNATIONAL PRIVÉ

I. — Quand un tribunal français est requis d'imprimer la force exécutoire à un jugement étranger, ce tribunal a toujours le droit et le devoir de réviser au fond le jugement étranger.

DROIT CRIMINEL

I. — Le réhabilité qui commet un crime est passible des peines de la récidive.

II. — La décision rendue par un tribunal correctionnel, en matière de contrefaçon d'une invention brevetée, n'a pas l'autorité de la chose jugée.

Vu par le Président de la thèse,
RENAULT.

Vu par le Doyen,
Ch. BEUDANT.

Vu et permis d'imprimer,
Le Vice-Recteur de l'Académie de Paris,
GRÉARD.

TABLE DES MATIÈRES

DROIT ROMAIN

DES EXCEPTIONS REI JUDICATÆ ET REI IN JUDICIUM DEDUCTÆ.

INTRODUCTION 5

CHAPITRE I. — Nature et origine des exceptions *rei judicatæ* et *rei in judicium deductæ*. — Détermination de leur domaine 7

CHAPITRE II. — Des conditions auxquelles est subordonnée l'exception *rei judicatæ*. 26

Section I. — Identité de question. 27

Section II. — Identité de parties 44

DROIT DES GENS

DES TRAITÉS INTERNATIONAUX

Conclusion. — Force obligatoire. — Exécution.

INTRODUCTION ET DIVISION DU SUJET 60

CHAPITRE I. — Définitions et divisions des traités. 72

CHAPITRE II. — De la capacité des Etats. 85

CHAPITRE III. — De l'autorité gouvernementale compétente. . 108

Section I. — FRANCE 111

Période avant 1789 111

Période depuis la Révolution jusqu'à la constitution de 1875 113

Constitution actuelle 126
Section II. — PAYS ÉTRANGERS 138
Allemagne. 138
Autriche-Hongrie. 141
Belgique 142
Bulgarie 145
Danemark. 147
Espagne 147
Grande-Bretagne. 148
Grèce. 150
Italie. 152
Monténégro 152
Norvège 153
Portugal 155
Pays-Bas 156
Roumanie. 156
Russie 158
Serbie 158
Suède 159
Suisse 159
Turquie. 162
Etats-Unis d'Amérique 163
CHAPITRE IV. — De la ratification. 170
CHAPITRE V. — De la force obligatoire. 184
CHAPITRE VI. — Des moyens pour assurer l'exécution des traités 203

Imprimerie A. DERENNE, Mayenne, — Paris, boulevard St-Michel, 52.

Imprimerie A. DERENNE, Mayenne. — Paris boulevard St-Michel, 52.

www.ingramcontent.com/pod-product-compliance
Ingram Content Group UK Ltd.
Pitfield, Milton Keynes, MK11 3LW, UK
UKHW020949230726
13923UKWH00007B/216

9 782019 666880